艺术胎教 200例

董 颖 主编

吉林科学技术出版社

图书在版编目（ＣＩＰ）数据

艺术胎教 200 例 / 董颖主编 . — 长春：吉林科学技术出版社，2013.5
ISBN 978-7-5384-6567-9

Ⅰ．①艺… Ⅱ．①董… Ⅲ．①胎教—基本知识 Ⅳ．①G61

中国版本图书馆CIP数据核字（2013）第 065607 号

艺术胎教200例

Yishu Taijiao 200li

主　　编	董　颖
编　　委	朱家乐　石　榴　谢　勇　周　亮　王玉立　陈　莹　周　密　盛　萍　彭琳玲
	王玲燕　李　静　秦树旺　陈　洁　吴　丹　蒋　莲　柳　霞　尹　丹　刘润钢
	邹　丹　曹淑媛　陆　林　周　宏　李志强　易志辉　康　儒　谭阳春
出 版 人	李　梁
责任编辑	孟　波　赵　沫　任思诺
封面设计	长春市一行平面设计有限公司
制　　版	长春市一行平面设计有限公司
开　　本	889mm×1194mm　1/20
字　　数	380千字
印　　张	12
印　　数	1—11000册
版　　次	2014年7月第1版
印　　次	2014年7月第1次印刷

出　　版	吉林科学技术出版社
发　　行	吉林科学技术出版社
地　　址	长春市人民大街4646号
邮　　编	130021
发行部电话/传真	0431-85635177　85651759　85651628
	85635181　85600611　85635176
储运部电话	0431-86059116
编辑部电话	0431-85679177
网　　址	www.jlstp.net
印　　刷	长春第二新华印刷有限责任公司

书　　号	ISBN 978-7-5384-6567-9
定　　价	35.00元

如有印装质量问题　可寄出版社调换

前 言
Qianyan

　　胎教并不是要教胎儿学习什么，而是让宝宝在生命的最初和父母建立起情感的联系，同时还能使孕妈妈顺利、愉快地度过孕期。

　　《艺术胎教200例》是以怀孕40周，每周给孕妈妈提供艺术胎教的方案，陶冶了孕妈妈和胎宝宝的情操。孕妈妈在听音乐、看名画、读故事的同时，培养了孕妈妈和胎宝宝的审美，让胎宝宝早早接触艺术胎教，有助于宝宝日后在学习音乐、美术、审美等方面有所造诣。

　　胎教也是孕妈妈对胎宝宝爱的一种方式，每当孕妈妈抚摸肚子为胎宝宝朗诵诗歌、讲胎教故事的时候，胎宝宝都是能感受到的，这是孕妈妈和胎宝宝最初建立爱的过程，如果准爸爸能参与进来那是最好的了，因为父母的爱是给胎宝宝最好的胎教。

第一章 美好的艺术胎教

第二章 孕早期艺术胎教 跟我做

第三章 孕中期艺术胎教 跟我做

第四章 孕晚期 艺术 胎教 跟我做

基础知识
001

艺术之美无处不在

让胎宝宝从艺术中感悟美

有艺术相伴的胎教生活，才能让孕妈妈更好地感受到自然的美好、生命的美妙、人生的美丽，从而更加热爱生活，喜爱自己的小宝宝。那么，艺术胎教到底包括什么内容呢，让我们一起来看一下吧！

胎教要点

{自然之美}

大自然的美在哪里？神秘的宇宙使大自然充满魅力，奇妙的生物世界精彩纷呈，大自然风光秀丽、美丽如画。孕妈妈要经常去大自然中散步，让胎宝宝听听鸟儿的声音，看到美好的画面，呼吸大自然的新鲜空气……相信胎宝宝一定能随着孕妈妈的呼吸和心情感受到无比的快活。

胎教要点

{文学之美}

有人说："读一本好书，就像是与一位精神高尚的人在谈话。"书中精辟的见解和分析、丰富的哲理、风趣幽默的谈吐，都会使人精神振奋，耳目一新。

孕妈妈适宜看一些轻松、幽默、使人积极向上的作品，如《居里夫人传》《小木偶奇遇记》《克雷诺夫寓言诗》《三毛流浪记》《塞外风情》《长江三日》《伊索寓言》《西游记》《儒林外史》《钢铁是怎样炼成的》《安徒生童话》《格林童话》等。另外，朱自清、冰心、秦牧等作家的散文作品优美隽永、耐人寻味，也非常适合孕妈妈欣赏。此外，吟咏古典诗词，也能令人美不胜收。

■《百变昆虫》

色彩斑斓的昆虫世界是一道独特的风景线，走近昆虫，了解昆虫，你会发现那些微不足道的小东西竟然如此惹人怜爱，让人着迷。

■《美术老师的手工魔法》

通过系统的剪切、折叠、粘贴等手工作业的训练，让宝宝享受学习，快乐游戏。

{音乐之美}

　　舒缓而优美的音乐能使孕妈妈心旷神怡，从而使其情绪达到最佳状态；而安静、悠闲的音乐节奏可以给胎宝宝创造一个平静的环境，使躁动不安的胎宝宝安静下来，使他朦胧地意识到世界是多么和谐、多么美好。

■ 民族音乐

　　像《春江花月夜》《江南好》《春天来了》《喜洋洋》《步步高》《好花月圆》等都是我国经典名曲，孕妈妈欣赏的同时，也是给胎宝宝传达一份传统的喜悦。

■ 摇篮曲、儿歌

　　孕妈妈空闲时间可以挑选一些经典的儿歌或童谣，学来唱给胎宝宝听，也可哼唱摇篮曲。在音乐的世界里，孕妈妈的心情舒畅，身心愉悦，更有利于胎宝宝的生长和大脑的发育。

{绘画之美}

　　名画胎教是近年来广受关注的新一代胎教方式，艺术的影响是潜移默化的，孕妈妈从名画中品味出圆润的线条、色彩的搭配、整体的意境，从一种静态的、已经定格的美丽画面中感受艺术气息，感受到艺术家们所表现出来的美好世界。

■《圣母马利亚和哺育中的圣婴》

　　圣母的慈祥、充满希望，不仅是这幅画作的主题，也是母爱永恒的美。

■《向日葵》

　　文森特·威廉·梵高笔下的向日葵不仅仅是植物，而是带有原始冲动和热情的生命体。

基础知识 002

艺术胎教能刺激胎宝宝大脑发育

艺术胎教对胎宝宝大脑的影响

孕妈妈在怀孕过程中感受到的一切美好事物，都会同时影响腹中的胎宝宝，让他感受到世界如童话般美好。由于这种教育使胎宝宝提早拥有了朦胧美的意识，因此，宝宝出生后也会较一般婴儿聪慧、活泼、可爱，与母亲的关系也会因此倍感亲密。

胎教要点

{接受艺术熏陶对胎宝宝大脑发育有利}

胎教是最近几年在国内也备受关注的话题。很多妇幼保健院及妇产医院都开设了"孕妇学校"和"孕妈妈俱乐部"，胎教就是其关注的重要内容之一。实践证明良好的胎教对胎宝宝的听力、视力和大脑发育都有好处，胎宝宝在4个月时就已经有听力了，能够很敏锐地捕捉到外界的信息。

孕妈妈在孕期受的艺术熏陶，胎宝宝是能感受到的。而且，孕妈妈通过欣赏艺术作品，可以舒缓情绪、放松心情，这些都会通过胎盘传递给胎宝宝，使胎宝宝的大脑也能感受到这些刺激。

胎教要点

{孕期艺术胎教会留下潜意识}

在胎宝宝期就进行艺术胎教，宝宝出生后的艺术理解力就会比别人强，这是有一定道理的。从生物学的角度来讲，胎宝宝在孕妈妈的肚子里时大脑已经开始发育，其中右脑有潜意识的记忆能力，出生后，遇到类似情景，就会刺激脑细胞，激发潜意识，唤起胎宝宝期的记忆。

基础知识
003

孕妈妈首先要培养自己的美学兴趣

孕妈妈如何培养艺术气质

如果说最好的胎教来自孕妈妈日常生活中的一言一行，那么，最好的艺术培养，其实也源自孕妈妈日常生活中对于艺术的态度。不喜欢音乐的夫妻很难培养出有音乐天分的孩子。

胎教要点

{读懂艺术非难事}

很多人看表演都爱追究到底看没看懂，这是我们的教育过度要求标准答案造成的。大部分节目设计会将观众分成两个层次：一般观众和专业观众，不同观众会在节目里体会到不同的东西。

一般观众只需要去感受整场节目带给自己的共鸣即可，而从事艺术工作或有艺术鉴赏能力的人，则可以把自己当作专业观众，在声光、布景、戏剧张力等处多加观察和思考。孕妈妈每次看节目时，心情的起伏无须另外言喻，胎宝宝已能感受到，孕妈妈也可以和胎宝宝"谈谈"对节目的看法。

胎教要点

{态度决定艺术修养}

无论是培养艺术气质，还是落实在生活中的美学，艺术修养都不是一朝一夕可以达成的。艺术能力的养成除了要有积极而正面的态度外，还需克服"过度焦虑"和"要求成果"，这两项大多数人在艺术教育中存在的问题。无论是自己还是日后让孩子接触、学习艺术，千万不要焦虑，应该是放松心情。另外，对艺术的接触和学习，越小开始越好，因为比起成人，孩子有无限的接收能力，但艺术的鉴赏能力通常与心灵的成熟度、个性、人生阅历等有关，所以孕妈妈应及早转变态度，在日积月累中培养自己的艺术修养。

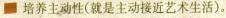

- 培养主动性(就是主动接近艺术生活)。
- 建立习惯(就是积累经验)。
- 学习表达(就是练习表达出自己的看法)。再有艺术天分的孩子，如果没有环境去引导和表现的机会，他的人生表现可能会跟一般人没两样。

基础知识
004

通过各种胎教手段，多接触美好的事物

4种具体可行的艺术胎教法

当胎动时孕妈妈就要适时回应，这样胎宝宝和孕妈妈就提早打开了亲情之门。希望孕妈妈把握住艺术胎教的绝佳机会，相信你的努力会收到意想不到的效果。

1. 欣赏名画

与胎宝宝一起欣赏名画，以启迪胎宝宝对艺术的感觉和共鸣。最好选择孕妈妈平时喜欢的作品，没有必要选择那些难以理解的作品。因为孕妈妈感到吃力或枯燥时，同样唤不起胎宝宝的兴致。

2. 边画画，边向胎宝宝说明画的内容

喜欢画画的孕妈妈可以亲自画画并涂上颜色，画的过程中或画完以后可以向胎宝宝说明画的内容。通过这一过程，将会给胎宝宝许多有益的刺激。并非一定要求孕妈妈画得好，只要孕妈妈心里想着是在和自己的"孩子"一起绘画，不管画的怎么样，都会给胎宝宝一定的有益刺激。

3. "爸爸"和"妈妈"唱的歌

到怀孕7个月的时候，胎宝宝的听觉发育到一定的程度，可以区别"爸爸"和"妈妈"的声音。这时，夫妻可以经常唱歌给胎宝宝听。唱得不好没关系，只要孕妈妈抚摸着腹部，经常用清晰的声音唱歌来稳定胎宝宝的情绪。

4. 让胎宝宝聆听来自大自然的声音

胎宝宝喜欢的声音有潺潺的流水声和小鸟叽叽喳喳的叫声。因此，周末的时候和丈夫一起到附近的公园或树林中聆听大自然的声音吧，边呼吸新鲜空气边散步，孕妈妈自己和胎宝宝都会感到心情舒畅，所有的压力也会烟消云散。

5. 边画边想象，边画出胎宝宝的脸庞

和丈夫一起画出胎宝宝的脸庞，并想象"我们的孩子肯定会很漂亮，脸蛋红如苹果，皮肤白似雪。"这时，腹内的胎宝宝也会十分高兴，他准会说："我的爸爸妈妈真爱我。"

孕早期
艺术胎教
跟我做

已经怀孕了，孕妈妈已经完全可以确认胎宝宝的存在了，可是无论孕妈妈如何与胎宝宝说话，如何抚摸自己的肚子，胎宝宝就是没有反应。当然了，因为这个时期孕妈妈还感觉不到胎动，但是胎宝宝的存在已经是一个事实，所以早早的开始胎教之旅吧，和胎宝宝一起感受艺术的魅力。

用艺术赋予孕妈妈美的享受

为孕育 胎宝宝 做 准备

孕育新生命是一件令人开心的事情，相信夫妻二人都已经做好迎接新生命的准备了吧！作为一个幸福的孕妈妈，你一定要放松心情，生命是神奇的，他一定会如你所愿，在你们真情释放的那一刻来临。让我们一起进行一场关于美的胎教，在生活中享受美、感悟美、创造美，与胎宝宝一起感受280天美丽的互动。

【孕期状况】

〔孕妈妈〕

● 卵巢开始准备释放另一个卵子

这一周还没有怀孕呢，此时正是你末次月经进行的时候，说明卵巢上个月排出的卵子没有受精，自行衰退了，引起子宫内膜脱落流血。通常所说的"十月怀胎"是从末次月经的第一天开始算起的，因此排卵前两周实际上是为卵子的受精做准备的两周。

小提示 随着子宫内膜脱落，在激素作用下，卵巢又开始准备释放另一个卵子。此时，"胎宝宝"以精子和卵子的状态分别存在于丈夫和妻子的体内。精子每批数量巨大，而卵子每月只有一个。

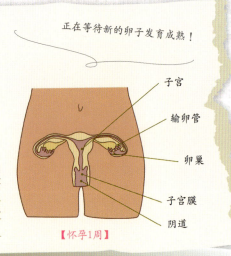

正在等待新的卵子发育成熟！

子宫
输卵管
卵巢
子宫膜
阴道

【怀孕1周】

【胎宝宝状况】

〔胎宝宝〕

● 精子和卵子正等待结合

此时的"胎宝宝"还只能以精子和卵子的"前体"状态存在，分别储存在妻子和丈夫的体内。一个正在发育的卵子，正等待着与精子的结合，精子与卵子的质量，与夫妻的身体状况息息相关。

小提示 精子体积非常小，卵子直径约0.1毫米，是精子的很多倍。精子快速灵敏，卵子缓慢稳重，显得巨大珍贵。

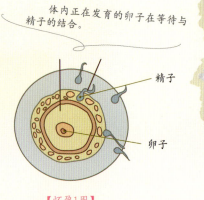

体内正在发育的卵子在等待与精子的结合。

精子
卵子

【怀孕1周】

001 音乐欣赏

🌳 **《睡美人》** ◎彼得·伊里奇·柴可夫斯基（俄国）

《睡美人》是一部著名的芭蕾舞剧，作者彼得·伊里奇·柴可夫斯基将本剧中的五个精彩片段改编为一套组曲，称为《睡美人》组曲。孕妈妈可以一边欣赏音乐，一边想象《睡美人》童话中的故事情节。

走进音乐

原剧为一出童话剧，其故事梗概为：美丽的奥罗拉公主受到邪恶的妖婆卡拉波斯的诅咒，在16岁时被纺锭刺伤手指而死。但由于代表善良与智慧的精灵里拉用魔杖赶走了妖婆，使得奥洛拉公主幸免一死，而以沉睡100年来代替死亡。100年之后，恰逢白马王子狄吉列经过这一城堡，他依照里拉的指示，用热吻唤醒了奥洛拉公主。故事的结尾是王子与公主举行了盛大的婚礼。

作者介绍

彼得·伊里奇·柴可夫斯基又被译为柴科夫斯基（1840—1893年），他是19世纪伟大的俄罗斯作曲家、音乐教育家，被誉为伟大的俄罗斯音乐大师；他的音乐是俄罗斯文化在艺术领域内的最高成就之一；其风格直接和间接地影响了很多后者；主要音乐作品有六部交响曲、三部钢琴协奏曲、小提琴协奏曲、幻想序曲《罗密欧与朱丽叶》《黑桃皇后》、芭蕾舞剧《天鹅湖》《胡桃夹子》《睡美人》等。

■ 聆听旋律

柔婉抒情的主旋律生动地表现出公主优雅大方、彬彬有礼的舞姿。

《缠毛线》 ◎弗雷德里克·莱顿（英国）

在备孕期间可以通过欣赏一些名画来平静心情。推荐孕妈妈欣赏世界名画《缠毛线》。

走进绘画

《缠毛线》是英国画家弗雷德里克·莱顿的作品。弗雷德里克·莱顿是19世纪末英国最有声望的学院派画家。他在担任皇家美术学院院长之后，创作了《缠毛线》这幅广受欢迎的作品，在这幅作品展出时，由于其平衡的构图和色彩的宁静，古典主义者和现实主义者都对它给予了充分的肯定。

■ 唯美视觉

画家描绘了缠毛线的母女二人。年轻的妈妈坐在凳子上，姿态优美地绕着毛线，小女孩则全神贯注地配合着妈妈，扭动着身体。整个画面安静、祥和，让观赏者感到温馨与安宁。

《缠毛线》/弗雷德里克·莱顿（英国）

003 散文欣赏

《荷塘月色》 ◎朱自清（中国）

《荷塘月色》是中国著名文学家朱自清任教清华大学时所写的一篇散文，因收入中学语文教材而广为人知。孕妈妈闲暇时可以大声的朗读此文，其优美的语言充满了画面感，可以让内心获得彻底的平静和放松。

走进散文

《荷塘月色》是现代抒情散文的名篇。文章借对"荷塘月色"的细腻描绘，含蓄而又委婉地抒发了作者不满现实，渴望自由，想超脱现实而又不能的复杂思想感情，为我们留下了旧中国正直知识分子在苦难中徘徊前进的足迹。

■ 妙笔生花

本文成功地描写了荷塘的月色和月下的荷塘，于景色描写中寄托着自己的真情实感，这种成功，也得益于他对语言的巧妙运用。文章多处使用比喻、通感、叠字等，使得全文语言典雅，充满诗情画意。

曲曲折折的荷塘上面，弥望的是田田的叶子。叶子出水很高，像亭亭的舞女的裙。层层的叶子中间，零星地点缀着些白花，有袅娜地开着的，有羞涩地打着朵儿的；正如一粒粒的明珠，又如碧天里的星星，又如刚出浴的美人。微风过处，送来缕缕清香，仿佛远处高楼上渺茫的歌声似的。这时候叶子与花也有一丝的颤动，像闪电般，霎时传过荷塘的那边去了。叶子本是肩并肩密密地挨着，这便宛然有了一道凝碧的波痕。叶子底下是脉脉的流水，遮住了，不能见一些颜色；而叶子却更见风致了。

月光如流水一般，静静地泻在这一片叶子和花上。薄薄的青雾浮起在荷塘里。叶子和花仿佛在牛乳中洗过一样；又像笼着轻纱的梦。虽然是满月，天上却有一层淡淡的云，所以不能朗照；但我以为这恰是到了好处——酣眠固不可少，小睡也别有风味的。月光是隔了树照过来的，高处丛生的灌木，落下参差斑驳的黑影，峭楞楞如鬼一般；弯弯的杨柳的稀疏的倩影，却又像是画在荷叶上。塘中的月色并不均匀；但光与影有着和谐的旋律，如梵婀玲上奏着的名曲。

荷塘的四面，远远近近，高高低低都是树，而杨柳最多。这些树将一片荷塘重重围住；只在小路一旁，漏着几段空隙，像是特为月光留下的。树色一例是阴阴的，乍看像一团烟雾；但杨柳的丰姿，便在烟雾里也辨得出。树梢上隐隐约约的是一带远山，只有些大意罢了。树缝里也漏着一两点路灯光，没精打采的，是渴睡人的眼。这时候最热闹的，要数树上的蝉声与水里的蛙声；但热闹是它们的，我什么也没有。

——节选自《荷塘月色》

艺术胎教

004
胎教故事

狐假虎威

从前，有一只老虎肚子饿了，跑出去寻觅食物。

当它走到一片茂密的森林时，忽然看到前面有只狐狸正在散步，它觉得这是个千载难逢的好机会，于是一跃身扑过去，毫不费力地将狐狸擒住。

可是当它张开嘴巴，正准备把狐狸吃进肚子里的时候，狡猾的狐狸突然说话了："哼！你不要以为自己是百兽之王，便敢吃掉我，你要知道，天帝已经命我为王中之王，你若吃了我，就会遭到天帝的制裁与惩罚。"

老虎听了狐狸的话，半信半疑。可当它看到狐狸那副傲慢镇定的样子时，就已经有些胆怯了，老虎原来那股嚣张的气焰，竟不知不觉消失了大半。老虎心想："我身为百兽之王，天底下任何野兽见了我都会害怕。而它，竟然不怕我，难道真的是奉天帝之命来统治我们的？"

这时，狐狸见老虎迟疑着不敢吃它，知道老虎对自己的那番说词已经有几分相信了，于是便更加神气十足地挺起胸膛，指着老虎的鼻子说："怎么，难道你不相信我的话吗？那么你现在就跟我来，走在我后面，看看所有野兽见了我，是不是都吓得魂不附体，抱头鼠窜？"

老虎觉得这个主意不错，便照着做了。于是，狐狸就大模大样地在前面

开路，而老虎则小心翼翼地跟在后面。它们没走多远，就隐约看见森林的深处，有许多小动物正在争相觅食，但是当小动物们发现了走在狐狸后面的老虎时，不禁大惊失色，狂奔四散。

这时，狐狸很得意地掉过头看看老虎，老虎目睹这种情形，不禁也有些心惊胆战，但它并不知道小动物们怕的是自己，还以为它们真是怕狐狸呢！

■ 宝贝，妈妈对你说

亲爱的宝贝，故事中的狐狸很狡诈，它借助老虎的威势在小动物面前称王，而老虎却盲目地相信了狐狸，被表面的假象所蒙蔽。宝贝，在这个世界上，总会有像狐狸那样喜欢说谎话，借助别人威势作威作福的人。我们要开动脑筋，不能轻易被这样的人所欺骗；同样，我们也不要以这种方式欺负别人。

孕早期…
孕 **2** 周

营造一个和谐的家庭氛围

夫妻恩爱是胎教的基础

众所周知，孩子是爱情的结晶，因此，胎教首先源于爱。在备孕期间，准爸爸和孕妈妈之间和美浓厚的爱意能为胎宝宝提供一个最好的成长环境，夫妻间的恩爱能为胎宝宝打下良好的根基，在一个充满爱心的孕育过程中，胎宝宝也能深切感受到"爸爸妈妈"的爱。

〔孕期状况〕

〔孕妈妈〕
● 用排卵试纸测出排卵日

你已经进入月经后的第二周，一般排卵期是在月经周期的13～20天，因此在第二周末，排卵期就会开始。现在就应该做好准备了，可以与丈夫共同调整心理和身体状态，挑选最佳时间完成你们的使命。

小提示

夫妻双方在同房时要保持良好的心情，最好在双方体力和情绪都处于最佳状态时进行。但是想要男女都处于最佳状态是不易的，此办法应以女方为主。要是能赶上风和日丽的好天气是最好不过了。

成熟卵泡的大小为18～25毫米。

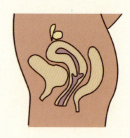

【怀孕2周】

〔胎宝宝状况〕

〔胎宝宝〕
● 只有一个精子能和卵子结合

卵子在输卵管中的寿命为12～36个小时，在这期间，差不多有3亿个精子努力要成为那个找到并进入卵子的幸运儿。实际上，能到达卵子的精子大约只有几百个，而最终只有一个精子能与卵子结合，形成受精卵。生命的历程，由此开始。

小提示

精子可以存活72个小时，即使还有2～3天排卵，也是有可能怀孕的。可以和丈夫尝试在同房后的24～48小时内继续同房，这样可以增加受孕的概率。

现在是胚胎形成的前期。

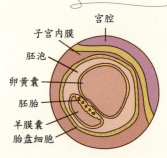

子宫内膜
胚泡
卵黄囊
胚胎
羊膜囊
胎盘细胞
宫腔

【怀孕2周】

005

音乐欣赏

🌳《高山流水》

　　孕妈妈要时刻保持内心的宁静，不要让情绪大起大落，偶尔遇到烦恼的事情，要及时调整过来。

　　如果实在心情不好，就听听这首中国古典乐曲《高山流水》，随着悦耳动听的曲调，闭上眼睛做深呼吸，孕妈妈的心情就会随之好转。

走进音乐

　　古筝名曲《高山流水》，音乐与琴曲迥异，同样取材于"伯牙鼓琴遇知音"。现有多种流派谱本。而流传最广、影响最大的则是浙江武林派的传谱，旋律典雅，韵味隽永，颇具"高山巍巍，流水洋洋"之貌。

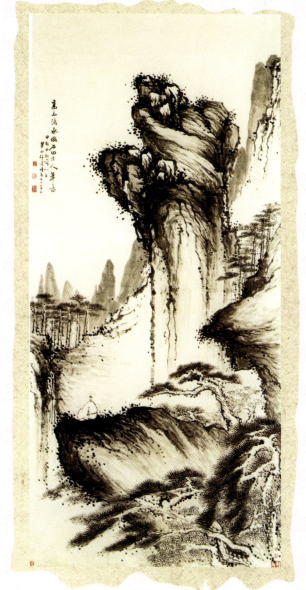

■ 聆听旋律

　　《高山流水》充分运用"泛音、滚、拂、绰、注、上、下"等指法，描绘了高山流水的各种动态。孕妈妈闲时听来，能获得心灵的宁静。

《高山流水图》/（清代）梅青

艺术胎教

006 名画欣赏

《抗拒爱神的少女》 ◎威廉·阿道夫·布格罗（法国）

威廉·阿道夫·布格罗（1825—1905年）是法国画家，是19世纪法国学院派绘画的最重要人物。他的油画多以神话和寓言为题材，追求唯美主义，擅长创造美好的理想化的境界。孕妈妈现在要继续保持良好的心态，可以欣赏下面这幅古典主义油画，让内心获得宁静与舒适。

走进绘画

《抗拒爱神的少女》是威廉·阿道夫·布格罗约1880年创作的油画。画家精细刻划了少女的心理状态，这是一种在其纯洁的、自持的少女状态和爱的世界的痛苦之间的矛盾冲突。她带着微笑和爱神保持着距离。

这幅画高80厘米，宽55厘米，现藏于美国洛杉矶保罗格蒂博物馆。

■ **唯美视觉**

精致细腻的画面，完美无瑕的画风，正是学院派绘画的典型特征。在观赏这幅画的同时，要暗示自己："我沐浴在温暖的阳光和清新的空气中，感受到温馨、宁静与爱，我情不自禁地笑了起来，今天真是美好的一天！"

《抗拒爱神的少女》／威廉·阿道夫·布格罗（法国

艺术胎教

007
胎教故事

乌鸦喝水

一只乌鸦口渴了，到处找水喝。忽然，乌鸦在草丛里发现了一个瓶子，瓶子里居然还有一些水。乌鸦高兴极了，赶忙去喝水。可是瓶子里的水太少了，瓶口又小，乌鸦把嘴伸进瓶口，可是怎么也喝不着水。怎么办呢？

这时候，乌鸦看见旁边有许多小石子，便想出办法来。乌鸦把小石子一个一个地放进瓶子里，瓶子里的水位渐渐升高了，于是，乌鸦毫不费力地喝到了水。

■ 宝贝，妈妈对你说

这真是一只非常聪明的乌鸦呀！它知道把小石子放在瓶子里，就能使水位上升的道理。我的宝贝，知识就是力量，人只有具备一定的知识，才会拥有充满智慧的头脑，才能更好地生存下去。爸爸妈妈希望你将来能够勤奋好学，遇事多动脑筋，成为一个充满智慧的人，那样的话，你会生活得更顺利、更幸福呢！

008 诗歌欣赏

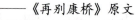 《再别康桥》 ◎徐志摩（中国）

《再别康桥》原是现代诗人徐志摩脍炙人口的诗篇，是新月派诗歌的代表作品。全诗描述了一幅幅流动的画面，构成了一处处美妙的意境。

可以用美好的语气朗读这首《再别康桥》，就像与未来的胎宝宝对话一样，以平静的心态期待胎宝宝的到来。

轻轻的我走了，
正如我轻轻的来；
我轻轻的招手，
作别西天的云彩。
那河畔的金柳，
是夕阳中的新娘；
波光里的艳影，
在我的心头荡漾。
软泥上的青荇，
油油的在水底招摇；
在康河的柔波里，
我甘心做一条水草。
那榆阴下的一潭，
不是清泉，是天上虹；

揉碎在浮藻间，
沉淀着彩虹似的梦。
寻梦？撑一支长篙，
向青草更青处漫溯；
满载一船星辉，
在星辉斑斓里放歌。
但我不能放歌，
悄悄是别离的笙箫；
夏虫也为我沉默，
沉默是今晚的康桥！
悄悄的我走了，
正如我悄悄的来；
我挥一挥衣袖，
不带走一片云彩。

——《再别康桥》原文

走进诗歌

　　《再别康桥》第一节写久违的学子作别母校时的万千离愁。连用三个"轻轻的"，使我们仿佛感受到诗人踮着足尖，像一股清风一样来了，又悄无声息地荡去；而那至深的情丝，竟在招手之间，幻成了"西天的云彩。"同时透露了难舍难分的离情，给诗定下抒情的基调。

　　全诗一气呵成，荡气回肠，是对徐志摩"诗化人生"的最好的描述。胡适曾言："他的人生观真是一种'单纯信仰'"，这里面只有三个含义：一个是爱，一个是自由，一个是美。徐志摩是主张艺术的诗人。他深崇闻一多音乐美、绘画美、建筑美的诗学主张，而尤重音乐美。

作者介绍

　　徐志摩，现代诗人、散文家。徐志摩是金庸的表兄。曾经用过的笔名：南湖、诗哲、海谷、谷、大兵、云中鹤、仙鹤、删我、心手、黄狗、谔谔等。徐志摩是新月派代表诗人，新月诗社成员。1915年毕业于杭州一中，先后就读于上海沪江大学、天津北洋大学和北京大学。1918年赴美国学习银行学。1921年赴英国留学，入剑桥大学当特别生，研究政治经济学。1926年任中央大学（1949年更名为南京大学）教授。在剑桥大学两年深受西方教育的熏陶及欧美浪漫主义和唯美派诗人的影响。

■ 妙笔生花

　　《再别康桥》是一首写景的抒情诗，抒发的是什么呢？三句话概括：是一种留恋之情、惜别之情和理想幻灭后的感伤之情。意是主观思想感情；境是诗内描写的客观景物。何谓意境？是人物的主观思想情感和客观景物完美的融合，且形成一幅具有个性色彩的艺术画面，即称为有意境。当然我们欣赏徐志摩的诗和欣赏别的诗一样，需要调动对生活的积累，需要调动我们对知识的积累，让我们一节节地慢慢品味这首诗。

孕早期…

孕 **3** 周

舒缓情绪 多听 音乐

这个时期，孕妈妈通常还没发现自己已经怀孕。在这段时间，孕妈妈应该多听抒情的音乐，保持心情愉快。同时还要了解相关的怀孕知识，及时发现怀孕征兆，多与丈夫聊天，保持心情轻松舒畅。

孕期状况

〖孕妈妈〗

精子与卵子相遇

在受精后的6～7天，桑葚胚开始植入子宫内膜，也就是着床。随着细胞团的发育，受精卵发育成胚泡，这会悄悄引发你身体内的巨大变化。

小提示

这一周，精子和卵子已经结合在一起形成受精卵，一个新生命将在子宫内发育。现在，孕妈妈的身体素质、精神状态和营养状况将直接关系到胎宝宝的身体健康和智力发育水平。

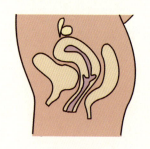

胚囊成功植入子宫。

【怀孕3周】

胎宝宝状况

〖胎宝宝〗

现在是胚胎形成的时期

怀孕的最初几天，胚胎的发育速度惊人，每天都有很大的变化。仅仅7天时间里，一个单细胞就发展成了具有数百个细胞的细胞团，用显微镜观察可以看到，一些细胞发展成胚胎本身，另外一些发育成为胚胎提供营养的支持结构。

小提示

在受精后7天，胚囊会把自己完全放到子宫里，怀孕也就此确定。卵泡会转变成黄体为胚胎提供养分，还会分泌一些雌激素促进胚胎发育。

胚胎细胞有三胚层。

宫腔
子宫内膜
胚泡
卵黄囊
胚胎
羊膜囊
胎盘细胞

【怀孕3周】

艺术胎教

009
音乐欣赏

《风的呢喃》 ◎班得瑞（瑞士）

《风的呢喃》取自班得瑞音乐系列的第六张专辑《日光海岸》，乐曲通过弦乐勾勒出微风吹拂的场景，其中夹带添加延迟回声效果的短笛，营造出一片祥和和宁静。此时，孕妈妈体内或许已经孕育了一个小生命，现在保持快乐的心情很重要。一起来放松一下，听听这首《风的呢喃》吧。

走进音乐

悠扬的短笛与铜管声，自远而近，轻轻飘来，一尘不染的音乐像是微风，轻轻地吹过心池，给心灵带来了淡淡的涟漪。此刻，静静体味来自班得瑞乐团的《风的呢喃》。闭上眼睛，仿佛微风正轻轻拨开你脸颊的鬓发，温柔地对你说它一路前来都看见了些什么。

■ 聆听旋律

《风的呢喃》是在耳边轻柔的絮语，它像一朵朵头顶飘过的云，正慢动作前进到你凝视的远方。简约的弦乐像是一段娓娓道来的故事，温柔得就像躺在母亲怀里倾听的摇篮曲。

小提示

◎用健身操来放松身体…

对于孕妈妈来说，健身操是一种非常好的放松方式，它可以帮助你放松身体，告别紧张状态。在整个孕期，健身操练习都是孕妈妈最重要的伙伴。下面我们先练习一下健身操最基本的放松法。

1.孕妈妈选择一个柔软的垫子，仰卧在上面，将两臂放在身体两侧，掌心朝上放置。然后双脚自然地放在地上，不要刻意把双脚趾向某个方向。接着轻轻闭上双眼，放松身体平静而自然地呼吸，意守你的呼吸。

2.每次吸气与呼气，都要对自己说："我感觉到自己在呼（吸）气。"

3.每次做这个仰卧放松练习时，只需做1~2分钟就可以了。它能把人的呼吸放慢到成为一股顺畅而有节奏的气流，从而消除紧张情绪，令孕妈妈变得安静，使全身恢复能量。这个练习法不但可以作为冥想姿势来使用，而且还可以放在各种健身操姿势之间作为放松练习。

010 名画欣赏

《蒙娜丽莎》 ◎列奥纳多·达·芬奇（意大利）

欣赏世界经典名画，对孕妈妈来说是一种非常好的放松方式。下面我们就共同来欣赏《蒙娜丽莎》，这幅画是由意大利文艺复兴时期的著名画家列奥纳多·达·芬奇所作。他不仅是天才的画家、雕塑家、建筑师、诗人、哲学家和音乐家，还是位很有成就的解剖学家、数学家、物理学家、天文学家、地理学家和工程师等。

《蒙娜丽莎》/列奥纳多·达·芬奇（意大利）

走进绘画

《蒙娜丽莎》是一幅享有盛誉的肖像画杰作。它代表列奥纳多·达·芬奇的最高艺术成就。画中人物坐姿优雅，笑容神秘，背景山水颇有意境。列奥纳多·达·芬奇使人物的丰富内心感情和美丽的外形达到巧妙的结合，对于人像面容中眼角唇边等表露感情的关键部位，也特别着重掌握精确与含蓄的关系，达到神韵之境，从而使蒙娜丽莎的微笑具有一种神秘莫测的千古奇韵，那神秘的微笑，引人深思，不同的人活在不同的时间看这幅画，就有不同的理解。

■ 唯美视觉

在不同角度、不同光线下欣赏这幅画，人们都会得到不同的感受。那微笑时而温文尔雅，时而安详严肃，时而略带哀伤，时而又有几分讽嘲，神秘莫测的微笑显露出人物神秘莫测的心灵活动。

011
胎教故事

掩耳盗铃

从前，有一个人很愚蠢又很自私，他还有一个爱占便宜的坏毛病。

有一次，他看中了一家大门上挂的铃铛。这只铃铛外表十分好看，声音也很响亮。他想："怎样才能把铃铛弄到手呢？"他知道，只要用手去碰这个铃铛，就会发出"丁零丁零"的响声。有了响声，就会被人发现，那就得不到铃铛了。该怎么办呢？

他突然想出了一个办法。他认为，铃铛一响，耳朵就会听见了，如果把自己的耳朵掩住，不是就听不见了吗？于是，他自作聪明地采用这个方法去偷铃铛。

他一手掩住耳朵，一手去摘这只铃铛。谁知他刚碰到铃铛，铃铛响了，这家主人发现后，就把他抓住了。因为别人的耳朵并没有被掩住，仍然能够听到铃铛的响声。

■ **宝贝，妈妈对你说**

宝贝，这是一则古老的成语故事。故事中偷铃铛的人十分愚蠢，他不仅偷盗，而且还自己欺骗自己，把明明是掩盖不住的事实，妄想要掩盖住。我的宝贝，现实中有些人就是这样，他明明知道自己的行为是不对的，却还要去做，做了以后当然也不想让别人知道，于是便不断地伪装，直到事情最终败露的一天，他再怎么后悔也来不及了。

孕早期...

孕 **4** 周

好情绪创造良好的宫内环境

保持 *心情* **愉快**

孕妈妈要调整好心态，努力保持心情舒畅。要听取妇产科医生对妊娠知识的介绍，了解胎宝宝的孕育过程，尽量在思想上和心理上做好准备。如果情绪不佳，还可以找人聊聊天，或听听音乐、看看书，尽快让自己的心情愉快起来，这对胚胎发育是十分有益的。

孕期状况

【孕妈妈】

● 恭喜孕妈妈得知怀孕消息

如果出现月经该来而没来，基础体温连续14天处于高温期，那就很可能已经怀孕了。不能确定是否怀孕时，可以购买早早孕试纸进行测试，或者到医院的妇产科做检查。

▶小提示

保持轻松愉快的心情在整个孕期都是很重要的。孕妈妈可以跟其他孕妈妈多交流，了解他们在孕期的各种心理和状态，以此来舒缓自己得知怀孕后的兴奋和紧张情绪。

尿液中含有HCG（人绒毛膜促性腺激素），恭喜你怀孕了！

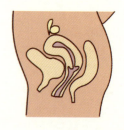

【怀孕第四周】

胎宝宝状况

【胎宝宝】

● 细胞迅速分裂和多样化

胚泡开始发育成胚，并分化为外胚叶、中胚叶及内胚叶。这些胚叶最后形成不同的身体器官，最上层的外胚叶形成皮肤、毛发、手指甲、脚趾甲、大脑、脊髓和神经；中间的中胚叶形成肌肉、骨骼、泌尿系统、生殖器、心脏以及其他器官；最下层的内胚叶形成各种脏器内部的黏膜、肺和肠子以及连接这些器官的分泌腺。

▶小提示

内在的生殖细胞一直在迅速地发展，而胎盘最后会成为胎宝宝的生命线，它们都有自己的重要作用和价值。

胚胎约为2毫米，重量为0.5～1克。

子宫内膜 宫腔
卵黄囊
胚胎
羊膜囊
最初的胚胎

【怀孕第四周】

012 孕妈妈 唱童谣

小饭盒

小饭盒，热乎乎，
米饭、肉肉和蘑菇，
妈妈做的真正香，
一勺一勺吃进口，
我是妈妈的乖宝宝。

啄木小鸟

啄木鸟，本领高，
给树看病不用刀，
尖尖嘴，轻轻敲，
啄出害虫一条条，
喂给家里的小宝宝，
快快长大飞得高。

织毛衣

长长的毛线卷成球，
小小的钩针把它缠。
一针针毛线变成衣，
小宝宝穿上毛线衣。

吃香蕉

我的名字叫香蕉
中间弯弯像小船，
剥开肚子白又白。
咬上一口香又甜，
妈妈宝宝都爱吃。

春天来了

春风吹，
吹绿了柳树，
吹红了桃花，
吹醒了青蛙，
吹来了燕子，
吹得小雨轻轻下，
我和妈妈来种瓜。

贪吃的小猪

小猪小猪胖乎乎，
圆圆的肚子花肚皮，
抱来一个大西瓜，
噜噜噜噜全吃光，
拍拍肚子晃晃头，
满地打滚真淘气。

白云飘飘

白云飘飘，
白云飘飘，
白云飞得高。
白云飘飘，
白云飘飘，
向我微微笑。

白云飘飘，
白云飘飘，
要到哪里去?
白云飘飘，
白云飘飘，
我去找妈妈。

013 唐诗欣赏

《静夜思》 ◎李白（唐代）

唐诗是中华民族最珍贵的文化遗产，是全世界文学宝库中的一颗灿烂的明珠。孕妈妈朗诵唐诗，可以让胎宝宝感受到中国古诗优美的语言与和谐的韵律，从而促进胎宝宝的大脑神经发育。孕妈妈在读唐诗的同时，还要把诗中所表现的意境和场景想象出来，传达给胎宝宝。

走进诗歌

诗的前两句，是写诗人在作客他乡的特定环境中一刹那间所产生的错觉。一个独处他乡的人，白天奔波忙碌，倒还能冲淡离愁，然而一到夜深人静的时候，心头就难免泛起阵阵思念故乡的波澜。何况是在月明之夜，又是月色如霜的秋夜。"疑是地上霜"中的"疑"字，生动地表达了诗人睡梦初醒，迷离恍惚中将照射在床前的清冷月光误作铺在地面的浓霜。而"霜"字用得更妙，既形容了月光的皎洁，又表达了季节的寒冷，还烘托出诗人飘泊他乡的孤寂凄凉之情。

> 静夜思
> ——李白
> 床前明月光，
> 疑是地上霜。
> 举头望明月，
> 低头思故乡。

作者介绍

李白（701—762年），字太白，号青莲居士，唐朝诗人，有"诗仙"之称，是伟大的浪漫主义诗人。李白，出生于剑南道之绵州（今四川绵阳江油市青莲乡），祖籍陇西郡成纪县（今甘肃天水市秦安县），存世诗文千余篇，代表作有《蜀道难》《将进酒》等诗篇，有《李太白集》传世。公元762年病逝于安徽当涂，享年61岁。其墓在安徽当涂，四川江油、湖北安陆有纪念馆。

014

胎教故事

■ 宝贝，妈妈对你说

　　宝贝，这是一个既简单又有趣的小故事，故事中为什么一个小和尚有水喝，两个和尚抬水喝，而三个和尚没水喝呢？因为每个和尚都很自私，他们都不想付出的比别人多，宁可大家都没水喝，也不肯去挑水。但是一场大火使他们觉醒了，他们终于肯团结起来，互相合作，这样自然就都有水喝了。我的宝贝，我们每个人都生活在集体中，不能只考虑自己的得失，而忽略了集体的力量。只有集体中的每个成员都发挥自己的能量，才能使整个集体强大起来。

三个和尚

　　从前有一座山，山上有座小庙，庙里有个小和尚。他每天挑水、念经、敲木鱼，给案桌上观音菩萨的净水瓶添水，夜里不让老鼠来偷东西，生活过得安稳自在。

　　不久，庙里来了个高和尚。他一到庙里，就把半缸水喝光了。小和尚叫他去挑水，高和尚心想一个人去挑水太吃亏了，便要小和尚和他一起去抬水，两个人只能抬一只水桶，而且水桶必须放在扁担的中央，两人才心安。这样总算还有水喝。

　　后来，庙里又来了个胖和尚。他也想喝水，但缸里没水。小和尚和高和尚叫他自己去挑，胖和尚挑来一担水，立刻独自喝光了。从此谁也不挑水，三个和尚就没水喝了。

　　大家各念各的经，各敲各的木鱼，观音菩萨面前的净水瓶没人添水，花草也枯萎了，夜里老鼠出来偷东西，谁也不管，结果老鼠猖獗，打翻了烛台，燃起了大火。三个和尚这才一起奋力救火，大火被扑灭了，他们也觉醒了。

　　从此三个和尚齐心协力，水自然就更多了。

艺术胎教

015

胎教故事

狐狸请客

从前有一只狐狸，十分狡猾。

有一天，狐狸邀请仙鹤到家中吃晚饭，然而，狐狸并没有真心真意地准备什么饭菜来款待客人，仅仅用豆子做了一点汤，又故意把汤盛在一个很平很平的盘子中。仙鹤的嘴又细又长，每喝一口汤，汤便从它的长嘴中流出来，怎么也吃不到。仙鹤十分气恼，觉得自己被戏弄了，狐狸却十分开心。

第二天，仙鹤决定报复一下狐狸，于是回请狐狸吃晚饭。它同样做了一些狐狸爱喝的汤，并把汤盛在一只长颈小口的瓶子里。晚餐开始了，仙鹤很容易地把头颈伸进去，悠闲地品尝着美味，而狐狸却一口都尝不到，害得它口水直流。

狐狸受到了仙鹤的报复，鼻子都气歪了。但由于自己戏弄仙鹤在先，没办法，只好灰溜溜地回家去了。

■ 宝贝，妈妈对你说

这是个有趣的小故事，这个故事告诉我们两个道理：一是狐狸对待朋友缺乏诚意、恶有恶报；二是仙鹤很聪明，懂得以其人之道，还治其人之身。我的宝贝，我们做人不可以像狐狸那样虚情假意，一定要真心真意地对待朋友，把好东西留给朋友，因为，朋友是你一生的财富。

016

胎教故事

下金蛋的鸡

有一对贫穷的夫妇，依靠自己家的一块田地维持生活，每年收的粮食只能勉强过活。值得欣慰的是他们家还养了一只母鸡，每天可以下一枚鸡蛋。

有一天，农夫早上起来发现这只母鸡下了一枚金蛋，他马上到镇子里把金蛋卖掉，换回了很多钱。不费吹灰之力就得到了这么多钱，农夫十分高兴。

从那天起，这只母鸡每天下一枚金蛋，夫妇俩很快发了大财，买下了肥沃的土地，盖起了漂亮的大房子，还请了很多仆人，日子过得舒服极了。

但他们非常贪心，对这一切并不满足。有一天他们躺在床上，妻子说："既然母鸡每天都能下一枚金蛋，那它肚子里肯定有很多金蛋，也许就是个金库……"丈夫紧接着说："对啊，我们把母鸡杀了，从肚子里把所有的金蛋都拿出来吧！"

于是他爬了起来，取了把刀杀了那只母鸡，却发现鸡肚子里并没有金蛋，和普通母鸡没有什么区别。

■ **宝贝，妈妈对你说**

从前夫妻俩很穷，后来他们有了金蛋，每天能够获得一枚金蛋，可是这对夫妻仍然不满足，他们想获得更多的金蛋，于是杀了鸡，却什么都没得到。亲爱的宝贝，你知道吗？一个人要懂得知足，贪得无厌的人是没有好下场的。妈妈希望你将来能成为一个知足常乐的人，只有懂得珍惜的人，才能体会到拥有所带来的快乐。

孕早期...

孕 **5** 周

别让焦虑冲淡怀孕的喜悦

保持**乐观**的**心境**

刚刚得知怀孕，孕妈妈可能还处在兴奋的状态中，有可能一下子变得手足无措，为接下来的早孕反应或者未知的变化而担忧。怀孕刚刚开始，还没有进入稳定期，这时孕妈妈应保持平和、乐观的心态，学习一些关于养胎、保胎的常识，满怀喜悦地迎接新生命即将带来的种种变化。

孕期状况

【孕妈妈】 ❀ 出现类似感冒的症状

你会发现月经没有按时来，此时你需要购买早早孕试纸进一步确认是否怀孕。一旦证实了，要马上去医院检查。有些敏感的女性会出现类似感冒的症状。如果有这种症状，同时月经还没有来，就要去医院检查，不要随便吃感冒药。

● 小提示

怀孕不仅是身体上的变化，孕妈妈在心理上的变化和波动也会比较大。丈夫在此时要给予孕妈妈多方面的体贴和照料，要理解妻子在这个特殊时期的特有症状，要多陪妻子散步、聊天。

有流产迹象或流产史的人，建议在本周做一次超声波检查。

【怀孕第五周】

胎宝宝状况

【胎宝宝】 ❀ 小人儿有苹果籽大小了

现在的胚胎已经头尾可辨，下方沿着背部的一条斑纹状结构弯曲起来形成一条沟，随后合并起来形成管，即神经管。神经管会发育成脊髓和大脑。

● 小提示

胚胎的脊柱已经开始发育了，在脖子的位置有8个节点，胸部有12个节点，腰部有5个节点，骨盆还有5个节点。

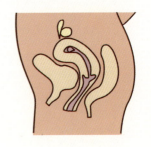

胚胎需要的营养主要由卵黄囊提供。

神经管　羊膜囊
胚胎
卵黄囊
最初的胚胎

【怀孕第五周】

017 音乐欣赏

《D小调幻想曲》 ◎沃尔夫冈·阿玛多伊斯·莫扎特（奥地利）

沃尔夫冈·阿玛多伊斯·莫扎特的《d小调幻想曲》可以把孕妈妈带入美妙的音乐世界中。孕妈妈可以通过音乐的呼唤，刺激胎宝宝的大脑发育。这首乐曲充分体现了音乐家的浪漫主义气息，最适合孕妈妈在阅读和就餐时倾听，一种美好的感觉会油然而生。

走进音乐

曲风极具浪漫主义色彩，在音乐上表现出两种情绪：即悲伤、忧郁和乐观、明朗的情绪，音乐对比强烈。曲子首尾呼应，开头部分和结尾部分都是缓慢的分解和弦。这些委婉起伏的和弦，将一点一点把孕妈妈带进美妙的音乐世界。

聆听旋律

《D小调幻想曲》，作于1782年，选自莫扎特的三首幻想曲之二，这首《幻想曲》从结构、和弦、织体上预示着浪漫主义的到来，本曲由于它的半音阶、不协和和弦的采用，以及它不可捉摸的和声转调及其解决来刻画出情感的撞击，在当时引起人们的广泛注目。

艺术胎教

018
名画欣赏

● **《向日葵》** ◎文森特·威廉·梵高（荷兰）

文森特·威廉·梵高（1853—1890年），荷兰后印象派画家。他是表现主义的先驱，并深深影响了20世纪艺术，尤其是野兽派与德国表现主义。

孕妈妈看到这幅颜色热烈的《向日葵》，是否也会受到强烈的感染，激发出内心对生命的热爱，想象胎宝宝在腹中如同向日葵一般富有生命力。

《向日葵》/文森特·威廉·梵高（荷兰）

走进绘画

被誉为文森特·威廉·梵高化身的《向日葵》，仅由绚丽的黄色色系组合而成。画面上朵朵葵花夸张的形体和激情四射的色彩，使人充满热情。黄色的花瓣就像太阳放射出耀眼的光芒。画家用奔放不羁、大胆的笔触，使画中的每一朵向日葵都获得了强烈的生命力，这正是作者文森特·威廉·梵高本人内心情感的写照，是他精神力量的外露。

■ **作品赏析**

文森特·威廉·梵高以《向日葵》中的各种花姿来表达自我，有时甚至将自己比拟为向日葵。文森特·威廉·梵高写给弟弟西奥的信中多次谈到《向日葵》系列作品，其中说明有12株和14株向日葵的两种构图。他以12株来表示基督十二门徒，14株则是加上了作者本人和弟弟西奥两人，一共14人。

艺术胎教

019 唐诗欣赏

《春夜喜雨》 ◎杜甫（唐代）

《春夜喜雨》是唐诗中的名篇之一，是杜甫于公元761年在成都草堂居住时所作。此诗运用拟人手法，以极大的喜悦之情，赞美了来得及时、滋润万物的春雨。如果孕妈妈遇到下雨天，就可以把这首唐诗读给胎宝宝听，让他听一听雨的声音，感受雨的意境。

艺术胎教200例

走进诗歌

这首诗，前两句写雨适时而降，其中"知"字用得传神，运用了拟人手法；三、四两句写雨的"发生"，其中"潜"、"润"、"细"等词语道出了雨的特点；五、六两句写夜雨的美丽景象，"黑"与"明"相互映衬，不仅点明了云厚雨足，而且给人以强烈的美感；最后两句写想象中的雨后之晨锦官城的迷人景象。

春夜喜雨
——杜甫

好雨知时节，当春乃发生。
随风潜入夜，润物细无声。
野径云俱黑，江船火独明。
晓看红湿处，花重锦官城。

作者介绍

杜甫（公元712—770年），字子美，自号少陵野老，世称"杜工部"、"杜老"、"杜少陵"等。汉族，巩县（今河南巩义）人。从杜甫曾祖父起由襄阳（今属湖北）迁居巩县。盛唐时期伟大的现实主义诗人。他忧国忧民，人格高尚，他的1 400余首诗被保留了下来，诗艺精湛，在中国古典诗歌中的影响非常深远，备受推崇。公元759—766年间曾居成都，后世有杜甫草堂纪念之。杜甫被世人尊为"诗圣"，其诗被称为"诗史"。

43

艺术胎教

020
胎教故事

谁偷吃了羊

　　一个牧场主雇了一个年轻人帮他牧羊。年轻人特别认真，主人很喜欢他。可是半个月后，这个年轻人说不知从哪儿来了一只大灰狼，每天都要吃掉一只羊。主人没责怪他，反而让他注意安全。就这样，羊群里的羊一天比一天少。

　　主人觉得奇怪，于是悄悄地跟在年轻人的后面。只见他一大早就赶着羊翻过山坡，来到自己的家。炉子上炖着羊肉。主人这才想起年轻人曾经说过他是炖羊肉的行家，后来因盗窃而被赶回乡下。

　　主人终于明白是怎么回事了。他说："我没看清他的真面目，用错了人。"

■ 宝贝，妈妈对你说

　　宝贝，狼是可怕的动物，但是比狼更可怕的是披着人皮的狼；中国有句古话叫作："画虎画皮难画骨，知人知面不知心"。这句话讲的就是这个道理，生活中往往最伤害你的人，不是表面上的敌人，而是怀有阴谋的假朋友。

021
胎教故事

聪明的小绵羊

　　一只离开了羊群的小绵羊被一只大灰狼逮住了。小绵羊对大灰狼说："狼先生，今天我吃了好多青草，通过运动才能消化，使草变成肉。如果你让我跳跳舞，活动活动，我的肉不就更好吃了吗？"大灰狼听了很高兴，就答应了。"狼先生，你用铃铛给我打拍子吧！"小绵羊把铃铛解下来，递给大灰狼。大灰狼使出吃奶的力气，拼命地摇动铃铛，清脆的铃铛声随风传到了牧羊人的耳朵里。他马上带着几只牧羊犬顺着铃声找到了小绵羊，几只牧羊犬扑向大灰狼，把它咬得遍体鳞伤。小绵羊凭着机智和勇敢，脱离了危险。

■ 宝贝，妈妈对你说

　　宝贝，这一次，小绵羊是凭借机智和勇敢脱险的；可下一次呢？小绵羊再也不敢离开大家了。所以，我们在佩服小绵羊机智勇敢的同时，也要吸取它的经验教训：自由散漫、脱离群体是很冒险的行为。所以，宝贝上了幼儿园以后，也要和小朋友们在一起，不能擅自离开。

孕早期...

孕**6**周

为实施音乐胎教开个好头

听听音乐做做深呼吸

很多孕妈妈在孕期都需要上班，如何合理地安排好工作和休息时间，是本周的重点。由于早孕反应和体内激素的变化，孕妈妈也许会感到心情焦躁，为了舒缓焦虑情绪，可以听听音乐、做做深呼吸，最好选择一些优美、柔和的乐曲，并跟着哼唱，这样做可以激发愉快的情绪，也为实施音乐胎教开个好头。

孕期状况

孕妈妈

孕激素导致乳房变化很大

这个时期，由于孕激素刺激乳腺，孕妈妈会感到乳房胀痛，乳头突出也会更加明显，还会出现乳晕，也就是乳头周围出现一圈棕色。由于乳房的血液供应增加，可以透过皮肤看到静脉。

小提示 在怀孕初期要加强腹部肌肉的锻炼，躺着做一些腹部运动是安全的。具体步骤如下：躺下，腿放平，胳膊放在身体两侧，用腹部慢慢吸气，再慢慢呼气。每天重复7~8次，如果累了就停下来。

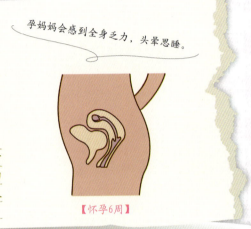

孕妈妈会感到全身乏力，头晕思睡。

【怀孕6周】

胎宝宝状况

胎宝宝

主要器官开始发育

从孕6周开始，胎宝宝逐渐呈现雏形。虽然后面还拖着小尾巴，但此时手、脚、四肢已开始像植物发芽一样长出来，能看到明显的突起。尽管此时胎宝宝的心脏只是一根小管子，但有可能从本周起开始跳动。

小提示 这周子宫内的胎宝宝处于不稳定的状态，最易发生流产，所以孕妈妈应提早规划好工作与休息的时间，保持良好的孕期心情，避免剧烈运动。

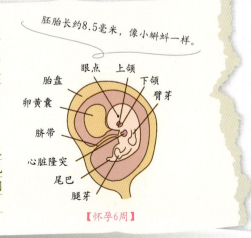

胚胎长约8.5毫米，像小蝌蚪一样。

胎盘　眼点　上颌
卵黄囊　　　下颌
　　　　　　臂芽
脐带
心脏隆突
尾巴
腿芽

【怀孕6周】

022
音乐 欣赏

《秋日私语》 ◎保罗·塞内维尔和奥利弗·图森（法国）

孕妈妈可以与准爸爸一起来听这首曲子，这首是描写爱的曲子，爱是最好的胎教，胎宝宝能够感受到"爸爸妈妈"的爱。

走进音乐

《秋日私语》是一首感情丰沛的乐曲，描述了秋天里的童话，秋天里的温馨烂漫，或许是一个下午，或许是一片红叶，在每个音符里，静静品着秋天里的一杯下午茶。

■ **聆听旋律**

理查德·克莱德曼所演奏的曲目，大部分是保尔·德·森奈维勒与奥利佛·杜桑二位作曲家的曲子。理查德·克莱德曼被誉为"浪漫钢琴王子"，他那真挚感人、充满激情与梦想的琴音，将瞬间拨动孕妈妈的心绪。

艺术胎教

023 名画欣赏

《维纳斯的诞生》 ◎桑德罗·波提切利（意大利）

当孕妈妈看到名画《维纳斯的诞生》时，会不会想到自己的宝宝诞生时会长得像谁呢？也许宝宝的大眼睛像"妈妈"，高鼻梁和小嘴巴像"爸爸"，如果是男孩儿那么一定很帅气，如果是女孩儿一定和维纳斯一样美丽。

走进绘画

艺术大师桑德罗·波提切利创作的《维纳斯的诞生》描绘的是爱与美的女神诞生时的情景：少女维纳斯刚浮出水面，赤裸着身子踩在一只荷叶般的贝壳之上。风神齐菲尔用微风轻轻地把她送到了岸边；粉红色的玫瑰花在她身边飘落；时辰女神为她披上了美丽的锦衣；蔚蓝的天空、平静的海洋，营造出一个美好的氛围，一个爱与美的生命就此诞生了！

■ 关于爱神的小故事

维纳斯是古希腊神界最美丽的女神，她专管天上人间的爱情和美丽。然而正因为她的美貌，搅乱了神界所有男子的心。恼怒的宙斯将维纳斯许配给自己的儿子——火神。但是维纳斯深深爱上火神的弟弟——战神，经常和他幽会，并生下带着双翼的盲童爱神丘比特。丘比特是个永远长不大、手执弓箭、专向有情人射箭的顽皮孩子。

《维纳斯的诞生》 / 桑德罗·波提切利（意大利）

024 儿歌哼唱

《小星星》 ◎保罗·塞内维尔和奥立佛（英国）

《小星星》的原版取材于Jane Taylor的布画儿童图册。原书的故事为一个天上的小星星带领凝望星空的女孩遨游太空的美丽故事。该曲就是在此基础上改编而来的。因旋律简单明快，歌词童真雅致，朗朗上口，而成为世界范围内广为流传的英国儿歌。传入中国后，作词者重写歌词，成为了现在的《小星星》。

Little star

Twinkle, twinkle, little star,　How I wonder what you are.

Up above the world so high,　Like a diamond in the sky.

Twinkle, twinkle, little star,　How I wonder what you are.

■ **聆听旋律**

孕妈妈可以给胎宝宝哼唱儿歌《小星星》。在哼唱时可以跳一支舞，建议丈夫在旁边打节拍。

艺术胎教

025
胎教故事

凿壁偷光

西汉时期，有个农民的孩子，叫匡衡。他小时候很想读书，可是因为家里穷，没钱上学。后来他向一个亲戚学习认字，才会看书。匡衡买不起书，只有向别人借书来看。同乡有个大户人家，家中有很多书却不识字。匡衡就到他家去做雇工，又不要报酬。主人感到很奇怪，问他为什么这样，他说："我希望能将你家的书通读一遍。"主人听了，深为感叹，就把书借给他读。

过了几年，匡衡长大了，成了家里的主要劳动力。但是白天干活，没时间看书，他就想怎么才能利用晚上的时间来看书呢？匡衡的家里很穷，买不起点灯用的油。有一天晚上，他发现东边的墙壁透过来一线亮光，他站起来一看，发现是邻居家里透过来的灯光。于是，匡衡想到了一个办法，他拿着一把小刀，将墙缝挖成了大一点的洞，这样，透过来的光亮也大了。他就借着透进来的灯光，读起书来。

匡衡勤奋好学，终于成了大学问家。

■ 宝贝，妈妈对你说

想到借着别人家的微弱光线读书，这是一种怎样的决心啊！宝贝，我们每个人都有自己喜欢做的事情，只要你是真心喜欢，无论环境多么恶劣，也无法阻挡你的行动。妈妈希望你将来能为自己的梦想而拼搏，克服一切困难实现梦想，这是多么幸福的事啊！

026

胎教 故事

铁杵磨针

　　李白是唐代著名的诗人，但他小时候读书并不用功，常常逃学。

　　有一天，他没有去上学，跑到大街上玩儿。突然，他看见一位老奶奶，正在磨刀石上用力地磨着一根棍子般粗的铁棒。李白觉得很奇怪，便走过去，傻傻地看了好一阵。老奶奶也不理会他，只是全神贯注地磨着。

　　李白忍不住问道："奶奶，您这是干什么呢？""我在磨一根针来缝衣服。"老奶奶头也不抬，专心地磨。"磨针？"李白更加奇怪了，"这么粗一根铁棒怎么能磨成针？！"老奶奶这才抬起头来说："孩子，滴水可以穿石，愚公可以移山，铁棒再粗，我天天磨，还怕它磨不成一根针吗？"李白听了，非常惭愧，"只要有恒心，再难的事情也能做成功的，读书不也是这样吗？"于是他便立刻转身跑回家去，拾起扔在地上的书本，专心读书，从此再也不逃学了。

　　后来，李白终于成为了名垂千古的伟大诗人。

■ 宝贝，妈妈对你说

　　宝贝，把铁杵磨成针或许不是个聪明的办法，这个故事只是用来比喻，做事要有锲而不舍、持之以恒的精神！只要有耐心、恒心、毅力，万事皆可成功。所以，我的宝贝，妈妈希望你决定做一件事情后，就不要半途而废，要持之以恒地坚持下去，总有一天，你会把这件事做成的。

孕早期...

孕 7 周

想办法让自己保持愉快、平和的心态

腭部发育的关键期

怀孕6～10周是胚胎腭部发育的关键时期，所以，如果孕妈妈这时"闹情绪"，就会影响胚胎发育，致使胎宝宝腭裂或唇裂。请孕妈妈一定要保持心情愉快，尽量稳定情绪。丈夫也要在各个方面体贴和照料妻子，多和孕妈妈谈心，使孕妈妈心情开朗。丈夫的爱心是孕妈妈消除烦躁情绪的一剂良药，能帮助孕妈妈顺利度过孕早期难熬的日子。

孕期状况

〔孕妈妈〕

● 基础代谢增加

这个时候，多数孕妈妈会出现恶心呕吐的现象，即"早孕反应"，伴有疲劳感，总是感到困倦，心跳加快，新陈代谢的进度也有所加快。

🔖 小提示

本周的胎教重点还是从舒缓孕妈妈自身的情绪出发。适当的运动对身体也有好处。工作时的孕妈妈不要一直坐在电脑前，半小时左右就起身走动一下，不仅活动了身体，也能舒缓一下工作带来的紧张感。

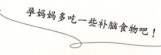

孕妈妈多吃一些补脑食物吧！

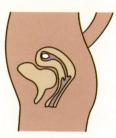

【怀孕7周】

胎宝宝状况

〔胎宝宝〕

● 血液循环系统开始工作

突起的鼻子已经在一张一合地运动，能很清楚地看到小黑点一样的眼睛和鼻孔。胎宝宝的身体也发生了变化，头部将移动到脊椎上面，而且尾巴也逐渐缩短。手臂和腿部明显变长、变宽，所以容易区分手臂和腿部，还能分辨出手和肩膀。

🔖 小提示

日常生活中，孕妈妈不要长时间处于一种姿势，避免反复做腰部用力动作，也不要长时间骑车、乘车、开车，避免引起流产。

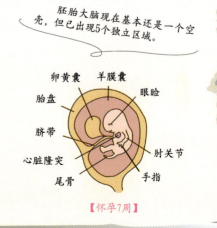

胚胎大脑现在基本还是一个空壳，但已出现5个独立区域。

卵黄囊　　羊膜囊
胎盘　　　　　　眼睑
脐带
心脏隆突　　　　肘关节
尾骨　　　　　　手指

【怀孕7周】

027
妈妈厨艺

 牛奶花蛤汤

现在孕妈妈虽然还没有完全摆脱孕吐的折磨，但过不了多久早孕反应就会消失了。本周多补充钙质对孕妈妈和胎宝宝都很有好处，因此，孕妈妈打起精神，为自己和胎宝宝烹饪一道牛奶花蛤汤吧！这道菜不仅味道鲜美、含钙量高，而且脂肪含量低。

烹饪原料

花蛤400克，植物油10克，红椒、姜片、盐、鲜牛奶、鸡汤、胡椒粉各适量。

制作方法

1.将花蛤放入淡盐水中浸泡使其吐清污物，然后放入滚水中煮至开口，捞起后去掉无肉的壳。

2.红椒洗净切成细粒。

3.炒锅下油烧热，放入红椒、姜片爆香，加入鲜牛奶、鸡汤煮滚后，放入花蛤用猛火煮1分钟，最后加入盐、胡椒粉即成。

艺术胎教

028
名画欣赏

《日出·印象》○克劳德·莫奈（法国）

这幅名画是克劳德·莫奈于1873年在阿弗尔港口画的一幅写生画。他在同一地点还画了一张《日落》，在送往首届印象派画展时，两幅画都没有标题。一名新闻记者讽刺克劳德·莫奈的画是"对美与真实的否定，只能给人一种印象"。于是克劳德·莫奈将这幅画起名为《日出·印象》。

走进绘画

《日出·印象》描绘的是在晨雾笼罩中日出时港口景象。在由淡紫、微红、蓝灰和橙黄等色彩组成的色调中，一轮红日映射着海水中一缕橙黄色的波光，冉冉升起。海水、天空、景象在轻松的笔调中，交错渗透，浑然一体。近海中的小船，在薄雾中渐渐变得模糊，远处的建筑、港口、吊车、船舶、桅杆等也都在晨曦中朦胧隐现。这一切，是画家从一个窗口看出去画成的。如此大胆地用"零乱"的笔触来展示雾气交融的景象。这对于一贯正统的沙龙学院派艺术家来说乃是艺术的叛逆。该画完全是一种瞬间的视觉感受和活泼生动的作画情绪使然，以往学院派艺术推崇的那种谨慎而明确的轮廓，呆板而僵化的色调荡然无存。

唯美视觉

整个画面笼罩在稀薄的灰色调中，笔触画得非常随意，展示了一种雾气交融的景象。日出时，海上雾气迷蒙，水中反射着天空和太阳的颜色，岸上景色若隐若现，十分生动。

孕妈妈早上醒来可以和胎宝宝一同观看日出，把自己的感受说给胎宝宝听。

《日出·印象》/克劳德·莫奈（法国）

艺术胎教

029
唐诗 欣赏

🌳 **《望岳》** ◎杜甫（唐代）

《望岳》，是唐代著名诗人杜甫的名篇，此诗通过描绘泰山雄伟磅礴的气象，热情赞美了泰山高大巍峨的气势和神奇秀丽的景色，流露出了对祖国山河的热爱之情。

孕妈妈朗诵这首诗，可以开阔胸怀，化解负面情绪，让自己重新振作起来。

走进诗歌

《望岳》是中国古代诗歌中吟诵率较高的一首诗。人们在品读此诗时，除了感受到泰山之雄伟外，更多的是被诗中那种"会当凌绝顶，一览众山小"的胸怀所感染，因为这既是盛唐的时代精神的概括，又给人们留下很深的启示。

> 望岳
> ——杜甫
> 岱宗夫如何，齐鲁青未了。
> 造化钟神秀，阴阳割昏晓。
> 荡胸生曾云，决眦入归鸟。
> 会当凌绝顶，一览众山小。

030 胎教故事

井底之蛙

一只小青蛙生活在井底，自以为井底就是整个世界。无聊时，它就数数天上飘过的白云，一朵、两朵、三朵……累了，就躺在小床上舒舒服服睡个觉。

有一天，井沿上飞来一只鸟。青蛙很奇怪，就问："小鸟，你是从哪儿飞来的啊？"小鸟回答说："我是从天上飞来的啊，飞了一百多千米呢，口喝了，想下来找点水喝。"

青蛙听了哈哈大笑起来："哈哈，真好笑，你别吹牛了，天只有井口那么大，你还能飞一百多千米吗？"小鸟认真地说："天是无边无际的啊，可大了，你不知道吗？外面的大象大过我几千倍呢。"

青蛙说："我天天都看着天，怎么不知道呢？你就别吹牛了吧！"小鸟于是笑了："青蛙大哥，你天天待在井里，就只能看到这么大的天，你要是不信，就跳出井口来看看吧，我还要继续飞行呢！"

青蛙听了小鸟的话，整整想了好几天，终于下定决心跳出井口去看看。

青蛙抬头一看，天啊！天真的是无边无际的啊，天上还有很多白云。它们紧紧地靠在一起，太美了。大地一片片绿油油的庄稼，大树又高又壮，真是美不胜收啊！远处的大象真是比小鸟大几千倍！

青蛙这才知道小鸟说的是对的，要是自己听了小鸟的劝告，早点从井里出来就能早一点看到这么美丽的世界了。

■ 宝贝，妈妈对你说

常年蹲在井底的青蛙，只能看到井口那么大的一块天，就以为是天的全部了。宝贝，世界是无限广阔的，就像知识的海洋永无止境一样。所以，我的宝贝，即使有一天你有了一点成就很大的成功，也不要骄傲，因为那也只不过是沧海一粟而已。

031
胎教 故事

病人与医生

有个人生了病，去看医生。医生问他觉得哪里不舒服，他说总是出很多很多的汗。没想到医生说："这对身体很好啊。"药都没开就让他回去了。

第二次，他又去看那个医生，医生又问他哪里不舒服，他说畏寒怕冷，身体抖得很厉害，医生又说："这不是问题，对身体没有害处。"医生就又让他回去了。

第三次，他去看医生时，他对医生说病情已经发展到泻肚子了，医生最后说："这很好，你放心吧。"于是又把他打发回去了。

后来，病人的一个亲戚来看他，问他身体状况怎么样了，他说："我就因为那个医生的这些'很好'，没有得到及时的医治，现在快要死了。"

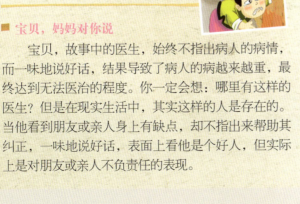

■ **宝贝，妈妈对你说**

宝贝，故事中的医生，始终不指出病人的病情，而一味地说好话，结果导致了病人的病越来越重，最终达到无法医治的程度。你一定会想：哪里有这样的医生？但是在现实生活中，其实这样的人是存在的。当他看到朋友或亲人身上有缺点，却不指出来帮助其纠正，一味地说好话，表面上看他是个好人，但实际上是对朋友或亲人不负责任的表现。

孕早期…

孕 **8** 周

忘记早孕反应，尽量放松自己

每天给胎宝宝一个微笑

孕8周，强烈的早孕反应可能会让孕妈妈情绪不好，烦躁易怒。对于不稳定的情绪表现，孕妈妈应有正确认识并加以积极调整，主动想一些愉快的事情，多听一些积极向上的音乐，或看些诙谐幽默的书籍，如果看到的内容能让孕妈妈开怀一笑那就最好了，因为笑是最好的胎教。

孕期状况

【孕妈妈】 会出现眩晕症状

怀孕8～9周是早孕反应最强烈的阶段，之后开始减轻，不久会自然消失。如果孕妈妈现在呕吐的非常厉害，那么可以早晨起的稍微早一点，去室外走走，呼吸一下室外的新鲜空气，想象自己已经远离孕吐的困扰，这样可以起到缓解的作用。

小提示 现在的孕妈妈情绪波动很大。孕6～10周是胚胎腭部发育的关键时期，如果孕妈妈的情绪过分不安，会影响胚胎的发育并导致腭裂或唇裂。在怀孕3个月之内，一定要坚持补充含有叶酸和微量元素的食物。

孕妈妈为自己准备一些喜欢吃的饭或零食吧！

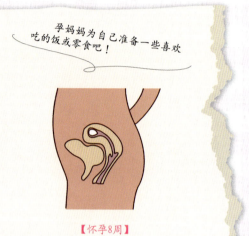

【怀孕8周】

胎宝宝状况

【胎宝宝】 相当于一颗葡萄的大小

胎宝宝的双手放在腹部上面，向外弯曲双膝，姿势就像在游泳。此时已经完全可以区分手臂和腿，而且长度也有很大变化，手指和脚趾也成形了。胎宝宝的皮肤薄而透明，能清晰地看到血管。

小提示 怀孕期间，孕妈妈和丈夫要不断地交流，给对方支持，这样就算有困难，有痛苦可能都是温馨的。丈夫要给予妻子额外的关注，孕妈妈也要给予丈夫一些爱意的表现。

胚胎长约20毫米，体重4克。

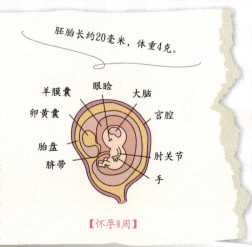

羊膜囊　眼睑　大脑
卵黄囊　　　　宫腔
胎盘　　　　　肘关节
脐带　　　　　手

【怀孕8周】

032 音乐欣赏

艺术胎教

《天鹅》 ◎夏尔·卡米尔·圣·桑 （法国）

推荐孕妈妈欣赏法国作曲家夏尔·卡米尔·圣·桑的《天鹅》，这首曲子选自他的《动物狂欢节》。这首《天鹅》是整套组曲中最受欢迎和流传最广的一首乐曲，表现天鹅本身固有的美和人们对它的美学评价。

走进音乐

乐曲一开始，钢琴以清澈的和弦清晰而简洁地奏出犹如水波荡漾的样子，在此背景下，大提琴奏出旋律优美的主题，描绘了天鹅以高贵优雅的神情安详浮游的情景，不自觉间把听者带入一种纯洁的境界。

■ 艺术感受

孕妈妈想象天鹅在水面优雅浮游的画面，并把这一影响传递给胎宝宝，一同感受那份优雅与宁静。

作者介绍

夏尔·卡米尔·圣·桑（1835—1921年），出生于法国巴黎，其父于他出生后数月辞世。夏尔·卡米尔·圣·桑的母亲及姨母均为音乐爱好者，在她们的薰陶下，夏尔·卡米尔·圣·桑从婴孩开始便认识到音乐的奇妙，对周围所有声音均甚感有趣。夏尔·卡米尔·圣·桑两岁时随他的姨母学琴，且不久便懂得作曲，他的第一份钢琴作品至今仍保存于法国国家图书馆中。

夏尔·卡米尔·圣·桑的作品对法国乐坛及后世带来深远的影响，重要的作品有《动物狂欢节》《骷髅之舞》《参孙与大利拉》等。

《农民的婚礼》 ◎彼得·勃鲁盖尔（荷兰）

彼得·勃鲁盖尔是16世纪尼德兰地区最伟大的画家。一生以农村生活作为艺术创作题材，人们称他为"农民的勃鲁盖尔"。他善于思考，天生幽默，喜爱夸张的艺术造型。他继承了博斯的艺术风格，又被誉为"新博斯"。他是欧洲美术史上第一位"农民画家"。

走进绘画

新娘满意地坐在一个纸糊的花冠下方，头上也戴了"宝冠"。即使坐在后排，也让人们一眼辨认出她的特殊身份。新娘幸福地闭着眼睛，双手交叠在一起，似乎脱离了喧闹的环境，独自陶醉在对婚姻的冥想和期待里。红扑扑的脸蛋，幸福的笑容挂在嘴角上。

■ 艺术感受

一看到这幅名画的名字——《农民的婚礼》，孕妈妈是不是马上就感觉到心里暖暖的，回想起自己的婚礼，那种甜蜜而又幸福的感觉必定油然而生。看看彼得·勃鲁盖尔的这幅《农民的婚礼》，再次感受一下农民结婚时那种喜莛的热闹场面。

《农民的婚礼》/ 彼得·勃鲁盖尔（荷兰）

034 古诗欣赏

《黄鹤楼送孟浩然之广陵》 ◎李白（唐代）

这首送别诗有它特殊的情味。它不同于王勃的《送杜少府之任蜀州》那种兄弟的离别，也不同于王维《渭城曲》那种深情体贴的离别。这首诗，表现的是一种充满诗意的离别。其所以如此，是因为这是两位风流潇洒的诗人的离别，还因为这次离别跟一个繁华的时代、繁华的季节、繁华的地区相联系，在愉快的分手中还带着诗人李白的向往，这就使得这次离别有着无比的诗意。

走进诗歌

"故人西辞黄鹤楼"，这一句不光是为了点题，更因为黄鹤楼是天下名胜，可能是两位诗人经常流连聚会之所。因此一提到黄鹤楼，就带出种种与此处有关的富于诗意的生活内容。而黄鹤楼本身，又是传说中仙人飞上天空去的地方，这和李白心目中这次孟浩然愉快地去扬州，又构成一种联想，增加了那种愉快的、畅想曲的气氛。

"烟花三月下扬州"，在"三月"上加"烟花"二字，把送别环境中那种诗的气氛涂抹得尤为浓郁。烟花，指烟雾迷蒙，繁花似锦。给读者的感觉绝不是一片地、一朵花，而是看不尽、看不透的大片阳春烟景。三月是烟花之时，而开元时代繁华的长江下游，又正是烟花之地。

黄鹤楼送孟浩然之广陵
——李白
故人西辞黄鹤楼，
烟花三月下扬州。
孤帆远影碧空尽，
唯见长江天际流。

035 胎教故事

丑小鸭

在一个非常美丽的乡下，有一只鸭子马上要变成鸭妈妈了，因为她的小鸭子快要孵出来了。终于，蛋一个接着一个"噼、噼"裂开了，出来一个个可爱的、毛茸茸的小鸭子，小鸭子们还"吱、吱"地叫，鸭妈妈"嘎、嘎"地回答，小鸭子们好像在说："好美丽的世界啊！"

可是还有一个大的鸭蛋没有裂开，于是鸭妈妈继续坐在巢里耐心地等待。

终于这枚大蛋裂开了，出来一只又大又丑的鸭子，和其他小鸭子不一样。鸭妈妈想：这小家伙会不会是只火鸡呢？

鸭妈妈想了一个办法，这一天阳光明媚，非常暖和，她带着孩子们去游泳。鸭妈妈扑通跳进水里，小鸭子们也一个接着一个跟着跳下去。水淹到了小鸭子们的头上，但是小鸭子马上又冒出来了，游得非常漂亮。所有的小鸭子都在水里，连那个丑陋的灰色小家伙也跟大家在一起游。"真好，它不是火鸡！"鸭妈妈想。

可是过了几天，小鸭子们都开始啄这只丑鸭子，而且情况一天比一天糟。大家都要赶走这只可怜的丑小鸭，小鸭子们老是说："你这个丑妖怪，希望猫儿把你抓去才好！"

有一天，丑小鸭看见蓝天上飞过一群白天鹅，丑小鸭羡慕极了。它想：要是我也能拥有一双像白天鹅一样的翅膀该多好呀！那样，我就能飞到外面的世界去看看。"

丑小鸭慢慢长大，终于有一天它离开了家。这是一个寒冷的冬天，丑小鸭走了很久走累了，倒在了地上。这时，一位农夫路过，好心的农夫救了丑小鸭，把它抱回家给它造了一个温暖舒适的窝。

到了第二年春天，丑小鸭终于长大了。它也不再是那只灰色的丑小鸭，它拥有雪白的羽毛，变成了一只真正的白天鹅。这一天他在河里游泳，天空中有一群白天鹅飞过，白天鹅和丑小鸭打招呼，很快它们就成了好朋友，一起游过一条小河，不知不觉来到了丑小鸭出生的地方。小鸭们认出了丑小鸭，心里感到一种说不出的难过。鸭妈妈高兴地为丑小鸭祝福，看着丑小鸭和白天鹅们越飞越高、越飞越快、越飞越远……

■ 宝贝，妈妈对你说

　　椰子树努力地长出椰子，是对风雨最好的抗议；"丑小鸭"变成"白天鹅"是对困境最好的抗议。我的宝贝，你在成长的过程中会面对诸多的困难，但不能因为自己在某方面不优秀，就看低了自己，只要敢于磨炼自己，永不服输，坚定地向着目标迈进，相信你一定能由最初的"丑小鸭"变成"白天鹅"。

孕早期...

孕 **9** 周

让听觉与视觉结合起来

进入了孕9周，孕妈妈肚子里的小生命已经成为一个名副其实的胎宝宝。早孕反应还在继续，而且疲惫感强烈，为了稳定自己的情绪，孕妈妈可以在进食的过程中听听轻音乐，在餐桌上摆放些鲜花，这些都可以缓解孕吐带来的烦躁，从而保证胎宝宝健康发育。

孕期状况

{孕妈妈}

■ 乳房明显变大

从孕9周开始孕妈妈的乳房会明显变大，有时还会伴随疼痛，偶尔能摸到肿块。这也是孕激素导致的结果，所以孕妈妈不用过于担心。下腹部和肋部开始出现疼痛，双腿麻木，同时又紧绷得发疼，腰部也会逐渐酸痛。

小提示

早孕反应还在持续，由于体内激素的变化，孕妈妈容易性情急躁，情绪波动较大。色彩能影响人的精神和情绪。为了稳定孕妈妈的情绪，可以多接触偏冷的色彩，比如绿色、蓝色、白色等，可缓解孕期的紧张情绪。

控制盐的摄入，并重视口腔卫生。

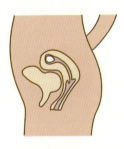

【怀孕9周】

胎宝宝状况

{胎宝宝}

■ 尾巴开始消失

胚胎的"尾巴"开始消失，背部挺直。手臂逐渐变长，同时形成了手臂关节，所以可以随意弯曲，而且形成了手指和指纹。腿部开始区分为大腿、小腿和脚，同时形成脚趾。

小提示

这个时期胚胎仍处于不稳定时期，是胚胎身体各部位器官形成的关键时期，也是胚胎最脆弱的时候，孕妈妈要多休息，注意营养均衡。

胚胎大小为22～25毫米，体重为6克。

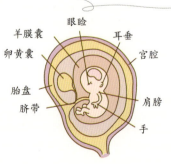

眼睑
耳垂
宫腔
羊膜囊
卵黄囊
胎盘
脐带
肩膀
手

【怀孕9周】

《爱之梦降A大调》 ◎弗朗茨·李斯特（匈牙利）

弗朗茨·李斯特是匈牙利钢琴演奏家和作曲家，浪漫主义音乐的主要代表人物之一。弗朗茨·李斯特在1850年将自己的三首歌曲改编成的三首抒情性钢琴曲，题作《爱之梦》。其中以第三首降A大调最著名；一般提起李斯特的《爱之梦》，指的就是这首乐曲。

走进音乐

《爱之梦降A大调》这首乐曲的原歌词出自德国诗人弗莱里格拉特之手，名为《尽情地爱》。原词的情调低沉，而钢琴曲却焕发着充沛的热情，让孕妈妈感受到无限的爱意。

■ 聆听旋律

《爱之梦降A大调》，6/4拍。开头的甜美的旋律贯穿整个乐曲（片段1），优美的分解和弦烘托出浪漫的气氛。其音乐分五段，构成类似回旋曲式的二重三段式。第三、四两段热情洋溢，音乐达到高潮后，再回到开头，尽情地歌唱。

艺术胎教

037
名画欣赏

《西斯庭圣母》 ◎拉斐尔·桑西（意大利）

拉斐尔·桑西（1483—1520年）是意大利画家、建筑师。与达·芬奇和米开朗基罗合称"文艺复兴三杰"。拉斐尔·桑西所绘的画作以"秀美"著称。每位孕妈妈都有着与生俱来的母性，现在胎宝宝就在腹中，孕妈妈会本能地带给他温柔与爱。

■ 走进绘画

拉斐尔·桑西的画对美丽与神圣、爱慕与敬仰都恰到好处，使人获得一种纯洁、高尚的精神享受。画中圣母脚踩云端，两旁有一男一女，身披华贵的教皇圣袍，取下桂冠，虔诚地欢迎圣母驾临人间。圣母的另一侧是圣女渥瓦拉，她代表着平民百姓来迎驾，她的形象妩媚动人，沉浸在深思之中。她转过头，怀着母性的仁慈俯视着小天使，仿佛同他们交流思想的隐秘，这是拉斐尔的画中最美的一瞬间。人们忍不住追随小天使向上的目光，最终与圣母相遇，这是目光和心灵的汇合。

■ 聆听旋律

从天而降的圣母出现在我们的面前，初看丝毫不觉其动，但是当我们注视圣母的眼睛时，仿佛她正向你走来，她年轻美丽的面孔庄重而又平和，细看那颤动的双唇，仿佛听到圣母的祝福。

每一位孕妈妈都像画中的圣母一样神圣而伟大，都会竭尽全力保护自己的胎宝宝。画中可爱的孩童与天使，是否让孕妈妈想到自己的宝宝，一定会像天使一样可爱？

《西斯庭圣母》/ 拉斐尔·桑西（意大利）

038

孕妈妈 唱童谣

藏猫猫

藏呀藏，藏猫猫，
我数数，你来藏，
桌子下，大树上，
柜子里，屋子后，
到处都没有，
回家吃肉肉。

秋风来

秋风吹，树枝摇，
红叶黄叶往下掉。
红树叶，黄树叶，
片片飞来像蝴蝶。

捶捶背

小板凳，不要歪，
让我爸爸坐下来，
我给爸爸捶捶背，
爸爸你还累不累？
不累不累我不累，
你是爸爸的好宝贝。

玩皮球

妈妈买个皮球，
上面画个小猴。
我来拍拍皮球，
小猴翻个跟头。

好朋友

小刺猬，走走走，
碰到一个好朋友，
叫他不吱声，
拉他他不走，
咦？哈哈，
原来是个仙人球。

百花开

菊花开，卷头发，
荷花开，大碗碗，
梅花开，红点点，
烟花开，亮天边，
牵牛花开，吹喇叭。

袋鼠

小袋鼠，上学堂，
总把书包丢一旁，
妈妈织个大口袋，
放到他的肚子上，
不再担心丢书包，
袋鼠挺起小胸膛。

小宝宝睡觉

风不吹，树不摇，
大公鸡，不要叫，
小宝宝，要睡觉，
自己躺在摇篮里，
迷迷糊糊睡着了。

艺术胎教

039 胎教故事

挑媳妇

从前，有个牧羊人急于娶个老婆。他一下子认识了三姐妹，发现个个貌美，哪个也不差。这下他可为难了，一时不知该选哪一个好。

他只好去问母亲，母亲说：请她们三个一块儿来我们家，在她们面前摆些奶饼，看看她们怎么个吃法，年轻人照做了。第一个连皮把奶饼一口吞了下去；第二个想先削皮，但一时匆忙，削去的皮上还留有许多奶酪，就把皮给扔了；第三个去皮时很仔细，切得不多也不少。

牧羊人把这一切都看在眼里，然后告诉了母亲。母亲说："就挑第三个做你的媳妇吧！"牧羊人照办了，从此他俩过着幸福美满的生活。

■ **宝贝，妈妈对你说**

宝贝，这个小故事想说的是：生活中有很多事情都取决于细心和良好的习惯，也许在不经意间就帮了你的大忙。生活中的点点滴滴都是我们不能忽视的，一个小小的动作，一个小小的问候，都能使我们改变许多。所以，我们要注重生活中的每一个细节，养成良好的习惯。

040 胎教故事

狐狸和葡萄

小狐狸犯了两个错误：第一，它不应该在没有得到主人允许的情况下偷东西；第二，它明明是因为能力不足，没有得到葡萄，却偏偏说因为葡萄酸才没带回家来。亲爱的宝贝，你说，如果你是小狐狸，你会怎么做呢？

夏天来了，熊伯伯开的水果店里挤满了动物，大家都来买水果解暑。

一只小狐狸也来到了水果店，它挤了半天才挤了进去。挤进去后的小狐狸大喊："熊伯伯，我要买葡萄。"但是熊伯伯回答说："不好意思，店里的葡萄已经卖完了！"小狐狸只好垂头丧气地走出了水果店。

小狐狸走在回家的路上，它边走边想："怎么办？妈妈还等我买葡萄回去呢！"突然，小狐狸停下脚步，它看到长颈鹿大婶家的后院种满了葡萄树，藤架上的葡萄一串串向下垂着。"哇，要是把这些大串的葡萄带回家，而且又不用花钱，妈妈一定要夸奖我了。"于是，小狐狸偷偷地从长颈鹿大婶家的后门溜了进去。

小狐狸伸出手去摘葡萄，可藤架太高了，小狐狸根本够不着。"怎么办？"小狐狸四处看了看，它发现了几只水桶。于是，小狐狸就把其中的三只水桶摞了起来，它想站在水桶上摘葡萄。可是问题又来了，这么高的桶，该怎样上去呢？小狐狸想："让我站远点，跳上去吧！"一、二、三，跳！小狐狸试了好几次，终于跳上去了，当它正要伸手去摘葡萄时，却听见一阵脚步声。"是谁在外面啊？"原来是长颈鹿大婶回来了。小狐狸吓得从水桶上摔了下来，连滚带爬地从后门逃走了。小狐狸跑了很久，确定没人追上来才停下。它越想越气："吃不到葡萄，还把腿给摔了，真倒霉，回去该怎么跟妈妈说呢？"小狐狸发愁了。

"对了！我就跟妈妈说，葡萄是酸的，所以才没带葡萄回来给你吃。"这样想着，小狐狸一瘸一拐地回家去了。

孕早期…

孕**10**周

柠檬、玫瑰、非洲菊，它们的香气都很适合

开心快乐是最好的胎教

孕10周，孕妈妈的情绪变化会很大，刚才还眉开眼笑，转眼间就会闷闷不乐，这时的喜怒无常是正常的情绪波动，是受孕激素影响的结果。但是孕妈妈仍要调整心绪，孕妈妈的快乐与悲伤会让胎宝宝感觉不安，因此孕妈妈要始终保持开朗、温柔、慈爱的心情，这种心情能帮助胎宝宝的身体和心理健康成长。

孕期状况

〖孕妈妈〗 ● 有没有发现腰变粗了

孕妈妈的乳房进一步肿胀，腰围也增大了。乳头、乳晕色素加深，有时感觉腹痛，同时阴道有乳白色的分泌物流出。不必太担心，这些都是正常的早孕反应。孕妈妈可能会发现在腹部有一条深色的妊娠线。如果分泌物的量增加太多并有异味时，应马上去医院做检查。

多喝水，多吃水果。还要补充钙质，多喝牛奶。

小提示 孕妈妈可以借助花香来缓解身体和情绪上的不适。孕妈妈每闻到一种香气，就加以详细地描述，这本身就是一种非常好的胎教方式，而且花草的芬芳可以使孕妈妈的心情舒畅，这对胎教非常有益。

【怀孕10周】

胎宝宝状况

〖胎宝宝〗 ● 头部的长度小于身体的1/2

胚胎前额的头盖骨开始发育，并逐渐变得越来越坚硬。前额是突出的，头顶是有弹性的以便适应未来不断发展的大脑。胎宝宝发育过程中的一件里程碑事情就是胎盘取代了卵黄囊为胎宝宝提供营养。

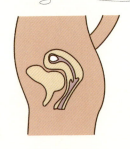

胚胎大小约40毫米，体重为10克。

眼睑
羊膜囊
卵黄囊
胎盘
脐带
耳垂
宫腔
肩膀
手

小提示 有的孕妈妈很好奇胎宝宝是否可以睁开眼睛，10周的胎宝宝的眼皮开始粘合在一起，直到27周左右才能完全睁开。

【怀孕10周】

《月光曲》 ◎路德维希·凡·贝多芬 （德国）

月光曲原名《升c小调钢琴奏鸣曲》，1801年贝多芬在经历情感波折后创作出来的钢琴奏鸣曲，德国诗人路德维希·莱尔斯塔勃听后将此曲第一乐章比作"犹如在瑞士琉森湖月光闪烁的湖面上摇荡的小舟一般"，而冠以《月光曲》之名。这是一首享誉世界的名曲。

孕妈妈可以一边播放这首《月光曲》，一边给胎宝宝讲述下面这个动人的典故。

■ 音乐典故

《升c小调钢琴奏鸣曲》之所以被称为"月光曲"，是因为还有一个动人的传说：

有一天傍晚，贝多芬独自在维也纳郊外散步，无意间经过一幢简陋的木屋，那屋中传来一阵琴声。贝多芬驻足一听，那曲调正是他写的一首钢琴奏鸣曲。

忽然，琴声停止了，有一位少女叹息地说："唉，不行不行，这段太难了，我弹不好。如果能听听贝多芬弹奏，该有多好啊！""要不是这样穷，我一定设法买一张入场券，让你去欣赏他的演奏。"一个男人这样安慰着。

贝多芬在门外大为感动，立刻敲门进去；他在暗淡的烛光下，看到一个皮匠在角落做鞋，而一架旧钢琴前则坐着一个盲少女。贝多芬对皮匠说："我是一个音乐家，想弹一首曲子给这位姑娘听。"接着亲切地问少女："你怎会弹刚才那首曲子？"少女回答："那是听来的，以前邻居住着一位夫人，时常弹奏这首曲子。"

贝多芬随即坐在琴椅上，从头弹出少女刚才所弹的乐曲。此时，从这架旧钢琴上流泻出一连串美妙动听的琴声，这样精彩的演奏，使盲少女感动得热泪盈眶。当兄妹两人明白这位不速之客就是他们敬仰的贝多芬时，是多么的欣喜若狂呀！当这首曲子奏完后，少女热切地恳求贝多芬再弹一曲，以偿她多年来渴望的心愿。

突然一阵风把蜡烛吹熄了，皎洁的月光从窗口射进一道银光，照射在钢琴上。这样如梦的时刻，贝多芬脑海中一连串的曲调像泉水般涌现。他愉快地说："我就以这月光为题，即兴弹奏一曲。"

开始时，从钢琴上荡漾出一段平和安详的音乐，仿佛明月冉冉上升，将银光投射在睡梦中的森林和原野；第二段里，曲调变得轻快活跃起来，好像淘气的精灵在月光下嬉戏漫舞；最后乐曲更加激烈狂热，有如怒涛飞溅的急流，向辽阔的海洋狂奔而去。

当琴声戛然停止，兄妹二人从醉梦中清醒过来，已不见贝多芬的踪影。原来他一弹完，便飞奔回家，把刚才弹过的乐曲记在五线谱上，这首举世闻名的《月光曲》就此诞生。

艺术胎教

042 名画欣赏

《星月夜》 ◎文森特·威廉·梵高（荷兰）

《星月夜》是荷兰后印象主义画家文森特·威廉·梵高的油画名作。这幅画描绘了一个夸张变形与充满强烈震撼力的星空景象。孕妈妈可以在入睡前欣赏这幅名画，想象夜空中繁星点点，给胎宝宝讲述关于星空的故事。

走进绘画

那卷曲旋转的巨大星云，那一团团夸大了的星光，以及那一轮令人难以置信的黄色明月，可能是画家在幻觉中所见。对梵高来说，画中的图像都充满着象征的含义。那轮从月食中走出来的月亮，暗示着某种神性，让人联想到文森特·威廉·梵高所乐于提起的一句雨果的话："上帝是月食中的灯塔"。而那巨大的、形如火焰的柏树，以及夜空中像飞过的卷龙一样的星云，象征着人类的挣扎与奋斗的精神。

■ 唯美视觉

这幅画在文森特·威廉·梵高这里变成了一种深刻有力的呐喊，一种无法言表的精神的颤动。金黄色、深蓝色、橙色、绿色、紫色……画中的色彩都是梵高喜爱的颜色，它们在画中如同一些孤独的圣者，象征着光辉、生命与永恒的神秘。

《星月夜》/文森特·威廉·梵高（荷兰）

艺术胎教

043
散文欣赏

《你是人间的四月天》 ◎林徽因（中国）

林徽因出生于浙江杭州。建筑学家和作家，为中国第一位女性建筑学家，同时也被胡适誉为中国一代才女。文学著作包括散文、诗歌、小说、剧本、译文和书信等。孕妈妈可带着感情把这首诗朗诵给胎宝宝听。

我说你是人间的四月天，
笑响点亮了四面风，
轻灵在春的光艳中交舞着变。
你是四月早天里的云烟，
黄昏吹着风的软，
星子在无意中闪，
细雨点洒在花前。
那轻，那娉婷，你是，
鲜妍百花的冠冕你戴着，
你是天真，庄严，
你是夜夜的月圆。

雪化后那片鹅黄，你像；
新鲜初放芽的绿，你是；
柔嫩喜悦，
水光浮动着你梦期待中白莲。
你是一树一树的花开，
是燕在梁间呢喃，
——你是爱，是暖，是希望，
你是人间的四月天！

——《你是人间的四月天》原文

走进散文

这首诗是一篇极为优秀的作品。四月，一年中的春天，也是春天中的盛季。在这样的季节里，诗人要写下心中的爱，诗人将这样的春景比作心中的"你"。在孕妈妈心目中，胎宝宝就是这人间的四月天，代表着爱、温暖和希望。

艺术胎教

044 胎教故事

拔萝卜

老公公种了个萝卜，他对萝卜说："萝卜、萝卜，快快长吧，长得甜啊；萝卜、萝卜，快快长吧，长得大啊！"萝卜越长越大，大得不得了。

老公公就去拔萝卜。他拉住萝卜的叶子，"嗨哟、嗨哟"拔呀拔，拔不动。老公公喊："老婆婆、老婆婆，快来帮忙拔萝卜！""唉！来了、来了。"

老婆婆拉着老公公，老公公拉着萝卜叶子，一起拔萝卜。"嗨哟、嗨哟"拔呀拔，还是拔不动。老婆婆喊："小姑娘、小姑娘，快来帮忙拔萝卜！""唉！来了、来了。"

小姑娘拉着老婆婆，老婆婆拉着老公公，老公公拉着萝卜叶子，一起拔萝卜。"嗨哟、嗨哟"拔呀拔，还是拔不动。小姑娘喊："小狗儿、小狗儿，快来帮忙拔萝卜！""汪汪汪！来了、来了。"

小狗儿拉着小姑娘，小姑娘拉着老婆婆，老婆婆拉着老公公，老公公拉着萝卜叶子，一起拔萝卜。"嗨哟、嗨哟"拔呀拔，还是拔不动。小狗儿喊："小花猫、小花猫，快来帮忙拔萝卜！""喵喵喵！来了、来了。"

小花猫拉着小狗儿，小狗儿拉着小姑娘，小姑娘拉着老婆婆，老婆婆拉着老公公，老公公拉着萝卜叶子，一起拔萝卜。"嗨哟、嗨哟"拔呀拔，还是拔不动。小花猫喊："小耗子、小耗子，快来帮忙拔萝卜！""吱吱吱！来了、来了。"

小耗子拉着小花猫，小花猫拉着小狗儿，小狗儿拉着小姑娘，小姑娘拉着老婆婆，老婆婆拉着老公公，老公公拉着萝卜叶子，一起拔萝卜。"嗨哟、嗨哟"拔呀拔，大萝卜有点动了，再用力地拔呀拔，大萝卜拔出来啦！他们高高兴兴地把大萝卜抬回家去了。

■ 宝贝，妈妈对你说

这个故事告诉我们一个简单的道理："团结就是力量！"宝贝，如果你留心，就会发现很多事情只靠一个人的力量是无法完成的，只有懂得与人合作，众人合力才能将事情办成。就像盖一座大楼，每个人分工不同，有投资者、有设计师、有建筑工人，大家都贡献出自己的一份力量，才能又快又好地建造出摩天大楼。宝贝，你若明白了这个道理，就能有一些成就。

045 胎教故事

蓝灯

从前，有一个士兵，为国王服役多年，数次负伤，可是战争结束时，国王却让他解甲归田，可怜的士兵不知该靠什么度日。傍晚时分他看见一所房子里住着一个巫婆。"给我一个睡觉的地方，再给我一点儿吃的和喝的吧。"巫婆回答说："要是你听我的吩咐，我倒愿意收留你。"

巫婆让士兵干了两天的体力活。第三天，巫婆又让他把井里的蓝灯拿出来。士兵找到了那盏发蓝光的灯，他让巫婆把他从井里拉上去。但是巫婆只想要蓝灯，士兵不肯，巫婆就不拉士兵上来。可怜的士兵被摔在了井底。他无意中发现口袋里的烟斗还装着半袋烟丝，他就着蓝灯的火焰点燃烟斗抽了起来。忽然间，一个皮肤黝黑的小人儿出现在他的面前，问他说："先生，您有何吩咐？"士兵说："帮我从井里出去吧。"小人儿就救走了他。途中，士兵把巫婆的金银财宝也顺手搬走了不少。

士兵对小人儿说："请你去把那个巫婆捆起来，让她接受审判。"小人儿说："没问题，如果下次您有吩咐，只要用蓝灯的火焰点燃烟斗，我马上就来到您身边了。"

士兵回到原来的城市，住进最高档的旅馆，定做了许多漂亮服装。他唤来小人儿，对他说："我对国王忠心耿耿，他却把我赶走，你去王宫把公主背来，让她给我当女仆。"此后，公主每晚都被背来做女仆，公鸡啼鸣时，小人儿又把公主背回宫里。公主以为自己做了一个梦，"也许这不是一个梦。"国王说，"把你的口袋装满豌豆，然后在口袋上戳个小窟窿，要是再有人来背你走，豆子就会掉在街道上，这样就可以发现你的去处。"

国王的这番话被小人儿听到了。第二天早上，国王差人出去寻找踪迹，却是枉费心机，因为条条街道上都被小人儿撒上了豌豆。

国王又对公主说："你上床时，别脱鞋子。你从那儿回来之前，藏起来一只，我一定能找到它。"公主在被背回去之前，把一只鞋藏在了士兵的床底下。第二天早上，国王在士兵的房间搜到了女儿的鞋，士兵还没来得及带上蓝灯和金币就被关进了监牢。他身上只有几个硬币，这时他看到一个当年的同伴从外边走过，便把硬币给了同伴并拜托他去自己的住处取一个包裹。同伴跑去很快就把包裹取回来了。这下，蓝灯和金币又回到了士兵手中。

次日，士兵用蓝灯的火焰点着了烟斗，小人儿又站在了他的面前等待吩咐。国王为了保全性命，答应把王国让给士兵，并且把女儿许配给他。

■ 宝贝，妈妈对你说

宝贝，故事中的士兵在被国王逮捕之前，忘记带两样东西：一样是金子，一样是蓝灯。幸好他机智地请他的同伴帮他取回了这两样东西，才得以逃生，从此过上了幸福的生活。所以，宝贝，我们只有懂得合理运用身边的事物，才有可能获得成功。

孕早期...

孕**11**周

花香和音乐都可以调节孕妈妈此刻的心情

伴着音乐和花香入眠

现在，孕妈妈的脾气已经好多了，情绪波动也不大了，身体也逐渐适应了早孕反应，可以抓住这个时机让胎宝宝多接触大自然的声音和味道。孕妈妈可以选择到大自然中去，一边散步一边进行芳香胎教，一边享受温暖的阳光，一边呼吸清新的空气。同时，自然界中的鸟鸣蝉歌还可以对大脑神经起到调节作用，使孕妈妈精神放松，心情舒畅。

孕期状况

〔孕妈妈〕 ● 基础代谢增加

孕妈妈的皮肤发生了很大的变化，一部分人会长粉刺，一部分人皮肤会变得特别干燥，身上的痣和雀斑颜色也加深了。还有一部分人变得神采飞扬，或感觉比没怀孕的时候还精神。这些主要是因为孕期血液流量增加的原因，孕期结束后这些现象都会逐渐消失的。

小提示 孕妈妈可以继续进行花香胎教。在空气清新的花园里散步，散步时深深吸一口气，感觉腹部充满空气，通过有规律的深呼吸轻轻挤压胎宝宝的皮肤，这样可以刺激胎宝宝大脑的发育。

孕妈妈要减少在外面买小吃的次数，市售的饮料和奶茶也尽量不要喝。

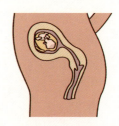

【怀孕11周】

胎宝宝状况

〔胎宝宝〕 ● 胚胎心率约每分钟140次

此时的胚胎虽小，但成长迅速。从脊髓伸展的脊椎神经特别发达，能清晰地看到脊柱轮廓，而且头部占全身长度的一半左右。额头向前突出，头部变长，已形成了下颌。同时，脸部还能大致区分出眼睛、鼻子和嘴巴。

小提示 这时候可以用多普勒仪器或胎心仪听到胎儿心脏快速跳动的声音，但是自己在家用胎心仪听胎儿心跳要注意，这时候胎宝宝还太小，胎心特别难找，孕妈妈要有足够的耐心不要着急。

胚胎长40～60毫米，体重约14克。

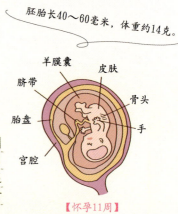

羊膜囊　皮肤
脐带　　骨头
胎盘　　　手
宫腔

【怀孕11周】

《春江花月夜》

孕妈妈可以听一些充满诗情画意的名曲，宁静或轻快的音乐将给胎宝宝安宁感，培养出良好的音乐感受性。推荐孕妈妈听中国古典名曲《春江花月夜》，可同时为胎宝宝朗诵唐代张若虚的诗《春江花月夜》。

走进音乐

琵琶曲《春江花月夜》是中国古典音乐作品中的名曲，是中国古典音乐经典中的经典。这是一首典雅优美的抒情乐曲，它宛如一幅山水画卷，把春天静谧的夜晚，月亮在东山升起，小舟在江面荡漾，花影在西岸轻轻摇曳的大自然迷人景色，一幕幕地展现在我们眼前。乐曲通过委婉质朴的旋律，流畅多变的节奏，巧妙细腻的配音，丝丝入扣的演奏，形象地描绘了月夜春江的迷人景色，尽情赞颂江南水乡的风姿异态。

■ 聆听旋律

全曲就像一幅工笔精细、色彩柔和、清丽淡雅的山水长卷，引人入胜。孕妈妈在为胎宝宝朗诵古诗《春江花月夜》时，要朗诵出优美的韵脚，想象月明的夜晚，江水轻荡、羞花轻落的美丽画面。

《杜鹃圆舞曲》 ◎约翰·埃曼努埃尔·约纳森（挪威）

《杜鹃圆舞曲》为挪威作曲家约翰·埃曼努埃尔·约纳森之作，他也正是因为此曲，才名传于世的。由于《杜鹃圆舞曲》的曲调优美，音乐形象逼真，因而深受人们的喜爱。这首欢快的乐曲，非常适合孕妈妈在早晨睡醒后倾听。

走进音乐

《杜鹃圆舞曲》在曲调和节奏上，都有挪威民间舞曲的风格。它以竖笛模拟杜鹃的叫声，以轻快、活泼的节奏和清新、流畅的旋律，描绘出一幅春光明媚、鸟语花香的美好图景。

■ 聆听旋律

《杜鹃圆舞曲》在曲调和节奏上，具有挪威民间舞曲的风格。全曲采用三拍子圆舞曲体裁，C大调，中板。由三个小圆舞曲组成。

艺术胎教

048 名画欣赏

《椅中圣母》 ◎拉斐尔·桑西（意大利）

对胎宝宝进行美学的熏陶很重要，孕妈妈只要有空就多看一些美好的作品。下面孕妈妈就请欣赏一下意大利画家拉斐尔·桑西的《椅中圣母》。拉斐尔的作品博采众家之长，形成了自己独特的风格，是手法主义的代表人物，也代表了当时人们最崇尚的审美趣味，成为后世古典主义者不可企及的典范。

走进绘画

看了这幅名画，孕妈妈也许会有个疑问，为什么画家要把三个生动的形象塞在这已很少有间隙的圆形框内呢？在这里有关于《椅中圣母》由来的神秘传说。《隐士传说》中说：从前有一德高望重的隐士在森林里遇到狼群，他急中生智，爬上橡树才幸免于难。后来被酒家女儿救下并受到款待，在酒店过了一宿后，第二天清晨离开了林子。走时他预言，救他的橡树与这位姑娘将得到永恒的善报。

若干年后，橡树被砍下做了酒店的酒樽，姑娘也结婚生了两个儿子。一天，拉斐尔·桑西路过这里，见到这两个天使般的孩子与年轻漂亮的妈妈，绘画的兴致油然而生。可眼前没有绘画工具，急切中他抓起地上的陶土片，在酒店门边一个橡树酒桶底上画下这母子三人的形象。

■ 唯美视觉

看到这幅画，孕妈妈会产生一种对美好生活的联想。画中形象的自然美与结构的造型美将母子之情的精神美表达得淋漓尽致。

《椅中圣母》／拉斐尔·桑西（意大利）

049
散文欣赏

《吉檀迦利》 ◎拉宾德拉纳特·泰戈尔（印度）

拉宾德拉纳特·泰戈尔是印度诗人、哲学家和印度民族主义者，1913年他成为第一位获得诺贝尔文学奖的亚洲人。他的诗中含有深刻的宗教和哲学的见解。泰戈尔的诗在印度享有史诗的地位，代表作《吉檀迦利》《飞鸟集》。

走进散文

《吉檀迦利》是"亚洲第一诗人"拉宾德拉纳特·泰戈尔创作的佳作，是最能代表他思想观念和艺术风格的作品。《吉檀迦利》是他获得诺贝尔文学奖的作品。这部作品，风格清新自然，带着泥土的芬芳。孕妈妈在为胎宝宝朗读时，会情不自禁地面带笑容，仿佛腹中的宝贝就在面前，正在接受孕妈妈轻轻的一吻。

■ 妙笔生花

拉宾德拉纳特·泰戈尔以轻快、欢畅的笔调歌唱生命的枯荣、现实生活的欢乐和悲哀。这里推荐孕妈妈朗诵冰心翻译的《吉檀迦利》其中的一首。

吉檀迦利

这掠过婴儿眼上的睡眠——有谁知道它是从哪里来的吗？是的，有谣传说它住在林荫中，萤火朦胧照着的仙村里，那里挂着两颗甜柔迷人的花蕊。它从那里来吻着婴儿的眼睛。

在婴儿睡梦中唇上闪现的微笑——有谁知道它是从哪里生出来的吗？是的，有谣传说一线新月的微笑，触到了消散的秋云的边缘，微笑就在被朝雾洗净的晨梦中，第一次生出来了——这就是那婴儿睡梦中唇上闪现的微笑。

在婴儿的四肢上，花朵般地喷发的甜柔清新的生气——有谁知道它是在哪里藏了这么许久吗？是的，当母亲还是一个少女，它就在温柔安静的爱的神秘中，充塞在她的心里了——这就是那婴儿四肢上喷发的甜柔新鲜的生气。

艺术胎教

050 胎教故事

亡羊补牢

战国时期的楚襄公，平日只知道享乐，不问国事，导致国家一天比一天衰落。有位叫庄辛的大臣曾多次劝谏，楚襄公不听，庄辛便辞去官职去赵国避居。

后来，楚国被秦国打败，楚襄公非常后悔当初没有听庄辛的劝谏，便命人设法把庄辛从赵国找回来询问对策。

庄辛回来后，给楚襄公讲了这么一个故事："从前有一户人家，养了很多羊。有一天发现羊圈里少了一只羊，邻居告诉他说："你家羊圈有个洞，狼从洞里钻进去偷走了羊，你赶快把洞补好，羊就不会再丢失了。"那家人不听，结果第二天早上又少了一只羊，第三天、第四天……每天都有一只羊被偷走。后来那家人见羊越来越少，终于接受了教训与劝告，修补了羊圈，此后再也没有丢失过羊。"

楚襄公听了，似有所悟，决心弥补过失，把国家治理好。

■ 宝贝，妈妈对你说

宝贝，我们每个人都会做错事，但是做错事没有关系，只要我们敢于吸取教训并设法补救，就可以避免再受损失。就像那家养羊的人家一样，听取了邻居的劝告，才没有丢失更多的羊。所以我们常说："亡羊补牢，为时不晚。"

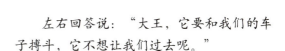

艺术胎教

051
胎教故事

螳臂挡车

有一次，齐庄公带着几十名随从进山打猎。一路上，齐庄公兴致勃勃，与随从们谈笑风生，驾车驭马，好不轻松愉快。忽然，前面不远的车道上，有一个绿色的小东西，近前一看，原来是一只绿色的小昆虫。那小昆虫正奋力高举起它的两只前臂，怒气冲冲地挺直了身子直逼马车轮子，一副要与车轮搏斗的架势。

小小一只虫子，竟然敢与庞大的车轮较量，那情景十分感人。这有趣的场面引起了齐庄公的注意，他问左右："这是什么虫子？"

左右回答说："大王，这是一只螳螂。"

齐庄公又问："这小虫子为何这般模样？"

左右回答说："大王，它要和我们的车子搏斗，它不想让我们过去呢。"

"啊！真有趣。为什么会这样呢？"齐庄公饶有兴趣地问左右。

左右回答说："大王，螳螂这小虫子，只知前进，不知后退，体小心大，自不量力，又轻敌。"

听了左右这番话，齐庄公反而被这小小螳螂打动，他感慨地说道："小小虫儿，志气不小，它要是人的话，一定会成为最受天下尊敬的勇士啊！"说完，他吩咐车夫勒马回车，绕道而行，不要伤害螳螂。

后来，齐国的将士们听说了这件事，都非常感动。从此，他们打起仗来更加奋不顾身，都愿以死来效忠齐庄公。

■ **宝贝，妈妈对你说**

宝贝，螳螂那样小小的身躯，居然挡住那么庞大的马车，也许有的人会说螳螂不自量力。然而我们从另一个角度看，螳螂能够具备挡车的勇气，也实在可赞可叹，这种置生死于不顾、敢于抗争的勇气，正是值得学习的呀！

孕早期…
孕**12**周

让音乐促进胎宝宝大脑发育

孕12周，孕妈妈可以经常听清新、愉快、有节奏的乐曲，这会对胎宝宝大脑边缘系统和脑干网状结构有直接影响，从而促进大脑和感觉器官的发育。优美的音乐还能促使孕妈妈分泌出一些有益于健康的物质，有调节血液流量和使神经细胞兴奋的作用，进而改善胎盘供血状况，对促进胎宝宝成长发育有利。

孕期状况

孕妈妈 — 会出现眩晕症状

此时，由于提供给大脑的血液不足而引起的暂时缺血，孕妈妈容易出现晕眩症状。另外，由于乳房发育速度很快，孕妈妈可能会看到乳房皮肤下青色的静脉伸展出来。从现在开始，孕妈妈就要涂抹防止妊娠纹的护肤品，并进行适当按摩。

小提示
现在对大多数孕妈妈来说都是一个放松安全的时期，因为孕早期即将过去，接下来发生流产的概率为1%。即将进入孕中期，孕早期的不适很快就会得到缓解。

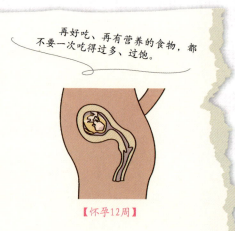

再好吃、再有营养的食物，都不要一次吃得过多、过饱。

【怀孕12周】

胎宝宝状况

胎宝宝 — 手指和脚趾开始分叉

此时的胎宝宝已全面进入胎宝宝期，胎宝宝会迅速成长，身体会长大两倍左右，而其脸部结构已基本形成。虽然没有生成新的器官，但是巩固了几周前初长成的身体器官。胎宝宝的肌肉已非常发达，可以在羊水中自由地活动。

小提示
胎宝宝的味觉发育完成，可以感受甜、酸等多种味道。所以，这时候孕妈妈应该吃各种味道的食物，最好做到五味俱全，以利于胎宝宝味觉的发育。

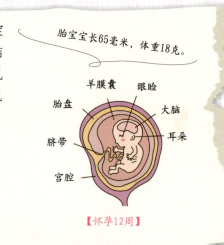

胎宝宝长65毫米，体重18克。

羊膜囊　眼睑
胎盘
大脑
脐带
耳朵
宫腔

【怀孕12周】

052 音乐欣赏

《摇篮曲》 ◎约翰奈斯·勃拉姆斯（德国）

《摇篮曲》也叫"催眠曲"，原指母亲在摇篮旁为抚慰婴儿安静入睡所唱的歌曲，以后逐渐成为一种独立的音乐体裁。不同国家，不同民族，不同地区都有他们自己的摇篮曲。许多著名作曲家如莫扎特、舒伯特都写过这类歌曲。

走进音乐

《摇篮曲》是德国作曲家约翰奈斯·勃拉姆斯的著名代表作品之一。此曲是一首民歌风格的歌曲，作于1868年。音乐中为叙事语气的旋律，再加上装饰音的运用，表现出充满无限温存慈祥的柔情。并勾画出一幅母亲对孩子亲切祝福的动人画面。也表达了人类最崇高的感情——母亲对孩子的爱。

■ 聆听旋律

孕妈妈对胎宝宝的爱是那么浓厚，就像温暖的阳光，无时无刻不照耀着孩子。当孕妈妈爱抚着腹中的胎宝宝，就好像小宝宝躺在摇篮里，母亲一边哼摇篮曲，一边哄宝宝睡觉，那种情景多么温馨、甜美。请孕妈妈闭上眼睛，听着音乐，让我们幻想着这样的场景，一起欣赏《摇篮曲》。

艺术胎教

053
雕塑欣赏

🌳 **《吓唬人的爱神》** ○艾蒂安·莫里斯·法尔孔奈（法国）

当孕妈妈看到这尊小爱神的雕塑，一定会被他的生动可爱所打动，不禁会想，此刻，也有一个更加可爱的小天使在我的腹中呢！想着想着，嘴角便不自觉地浮现出笑容，接下来，孕妈妈一定会对胎宝宝说："宝宝，妈妈希望你成为一个健康、聪明、活泼、可爱、体贴的小宝宝，一定要健康成长啊！"

走进雕塑

此作刻画的是一位形象可爱、栩栩如生的小爱神，他背有一对翅膀，身体倾斜，头部微低，一只手伸着食指，抵住上嘴唇，好像在告诉大家：不要出声，我要去吓唬她了。那表情，那动态，那心理活动真是刻画得栩栩如生；相信每一位看过此件雕塑的人都将会被小爱神这顽皮机灵的童真所感染，而留下深刻难忘的印象。

■ 作者介绍

艾蒂安·莫里斯·法尔孔奈公元1716年生于巴黎，堪称一位天才，他把法兰西雕刻的优雅柔美风格推到了顶点，不仅善于刻画青春活脱的肉体，而且同样善于捕捉丰富细腻的情态。

■ 创作背景

公元18世纪的法国，受国王路易十五和其情妇蓬帕杜夫人的审美情趣影响，出现了一种华丽雕琢、纤巧繁琐的十分女性化的艺术形式——罗可可艺术。代表罗可可雕刻最高成就的，是最受蓬帕杜夫人赏识的两位艺术家，一位是皮加尔，另一位则是艾蒂安·莫里斯·法尔孔奈。

《吓唬人的爱神》／艾蒂安·莫里斯·法尔孔奈（法国）

艺术胎教

054
妈妈厨艺

鲜奶玉米笋

　　玉米笋含有丰富的维生素、蛋白质、矿物质，营养丰富；并具有独特的清香，口感甜脆、鲜嫩可口。鲜奶中含有大量的钙，这是孕妈妈整个孕期都需要的食品。孕妈妈在周末可以忙里偷闲，为自己和胎宝宝制作喜爱的美食，当孕妈妈开心地去烹饪美食的同时，也是一种很好的胎教方式。

烹饪原料

　　鲜牛奶100克，玉米笋5个，植物油、白糖、盐、水淀粉各适量。

制作方法

　　1.把每个玉米笋切半，放入热水锅内略烫捞出，控干水分。

　　2.锅置火上，烧热加植物油，油热后放入面粉炒开，添少许汤，加入鲜牛奶、白糖、盐及烫好的玉米笋，用小火烧至入味后，用水淀粉勾芡，芡熟时淋入奶油，出锅装盘后即成。

艺术胎教

055

胎教故事

我的宝贝，故事中的青蛙虽然看上去丑陋，但是它也许并非表面上那样。所以，人不可貌相，从一个人的表面是无法完全看清本质的。另外，故事中的小公主，最初犯了一个错误，她答应青蛙的事并没有做到，失去了做人应有的诚信。但是后来小公主知道错了，改正错误后，她仍然获得了幸福。

青蛙王子

很久以前有一位国王，他有好几个女儿，个个都长得非常美丽，尤其是小女儿，更是美如天仙。

王宫附近有一片森林，森林中有一个水潭，潭水很深。有一次，公主在潭边玩耍，不小心把金球掉进了潭里。小公主伤心地哭起来。"公主，您这是怎么啦？"一只青蛙从水潭里伸出丑陋不堪的大脑袋问道。

"啊！原来是你呀！"小公主对青蛙说，"我的金球掉进水潭里去了。"青蛙回答说："我有办法帮助您，可您拿什么东西回报我呢？""亲爱的青蛙，你要什么东西都成。"小公主回答说。青蛙对小公主说："只要让我做您的好朋友就行，我们一起游戏、吃饭，睡在一张床上。要是您答应所有这一切的话，我就潜到水潭里，把您的金球捞出来。"

"好的，太好了！"小公主说。小公主虽然嘴上这么说，心里却想："这只青蛙可真够傻的，怎么可能做人的好朋友呢？"青蛙得到了小公主的许诺之后，把金球拣了起来，公主拿到金球撒腿就跑了，并且很快就把可怜的青蛙忘得一干二净。

第二天，小公主跟国王和大臣们刚刚坐上餐桌，就听到一阵敲门声，小公主急忙跑到门口一看，原来是那只青蛙！小公主见是青蛙，心里害怕极了。

国王就问她："孩子，你怎么会吓成这个样子？"小公主就把昨天的事情说了一遍，国王听了之后对小公主说："你绝不能言而无信，快去开门让青蛙进来！"之后，青蛙就和小公主一起吃了饭，小公主害怕这只冷冰冰的青蛙，连碰都不敢碰一下。青蛙又让小公主把他抱上床，小公主勃然大怒，一把抓起青蛙，朝墙上使劲儿摔去。谁知青蛙一落地，已不再是什么青蛙，一下子变成了一位王子。

原来王子被一个狠毒的巫婆施了魔法，除了小公主以外，谁也不能把他从水潭里解救出来。最后，遵照国王的旨意，他成为小公主最亲密的朋友和伴侣，他们将一道返回他的王国。

孕中期
艺术胎教
跟我做

小宝贝已经非常活跃，自己都会和"妈妈爸爸"打招呼，生怕别人忽视他。"妈妈"每天都可以和胎宝宝说说话，"妈妈"的心情完全会影响胎宝宝的情绪，放松心情的艺术胎教，是"妈妈"向胎宝宝倾诉的最佳途径。在没有孕期不适的中期，尽情享受吧！

孕中期…

孕 **13** 周

刺激胎宝宝的**触觉发育**

孕13周，由于孕吐的渐渐消失，孕妈妈的心情逐渐好起来。但还是要注意控制情绪，不要被不开心的事情困扰，遇到麻烦就找丈夫和身边的亲人、朋友倾诉出来，千万不要压抑自己的情绪。孕妈妈可以一边听音乐一边进行轻柔的舞蹈，摇动的羊水可以刺激胎宝宝全身皮肤，这样做十分利于胎宝宝大脑发育。

孕期状况

【孕妈妈】 早孕反应减弱或消失

孕吐很快就会停止，焦虑的情绪开始舒缓，流产的危险也减少了。那些孕吐反应仍然很强烈的孕妈妈也不要着急，你只是属于反应强烈的那部分人，如果呕吐很厉害，就要咨询医生是否需要额外补充营养。

小提示

孕妈妈可以适当进行锻炼，但是否锻炼还是要根据自身情况而定，适当的运动可以改善情绪。如果孕妈妈有胎盘前置、早产迹象，还是尽量不要运动。

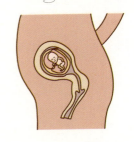

孕妈妈会出现打呼噜及鼻子少量出血的情况，这些都是正常的。

【怀孕13周】

胎宝宝状况

【胎宝宝】 胎宝宝现在完全依靠胎盘提供营养

此时的胎宝宝具备完整的脸部形态了，鼻子完全成型，并能支撑头部运动。如果触摸到胎宝宝的手，胎宝宝的手就会握拳，触碰到双脚，脚就能缩回去。

小提示

现在的胎宝宝和胎盘的发育都需要蛋白质，孕妈妈每周吃1～2次鱼类或者虾是最好的。

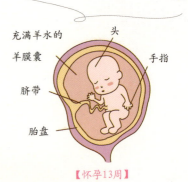

胎宝宝长70～90毫米，体重24克。

充满羊水的
羊膜囊
脐带
胎盘
头
手指

【怀孕13周】

艺术胎教

001 音乐欣赏

《莫扎特A大调单簧管五重奏》

◎沃尔夫冈·阿玛多伊斯·莫扎特（奥地利）

现在是胎宝宝大脑发育的第一个黄金期。莫扎特的音乐因为节奏符合人类脑波，因此，最适合作为胎教音乐，这里推荐孕妈妈听《莫扎特A大调单簧管五重奏》（第一乐章）。

作者介绍

沃尔夫冈·阿玛多伊斯·莫扎特（1756—1791年），出生于神圣罗马帝国时期的萨尔兹堡，是欧洲最伟大的古典主义音乐作曲家之一。35岁便英年早逝的莫扎特，留下的重要作品囊括了当时所有的音乐类型。他是一个天分极高的艺术家，谱出的协奏曲、交响曲、奏鸣曲、小夜曲、嬉游曲等，成为后来古典音乐的主要形式，他同时也是歌剧方面的专家，他的成就至今不朽于时代的变迁。

走进音乐

整个乐曲将单簧管如丝般的清新音色与莫扎特开朗的性格，巧妙地融合在一起。第一乐章略带怀旧心情有点惆怅，第二乐章恬静中略带忧伤，第三乐章则完全充满了轻快跳跃的快乐气氛，把莫扎特的阳光，莫扎特的真性情，都融在其中了。

■ 聆听旋律

这部五重奏的乐曲是沃尔夫冈·阿玛多伊斯·莫扎特的代表作之一，充满想象，轻快的感觉仿佛清泉在林间欢唱。

艺术胎教

002 名画欣赏

《松树林之晨》

◎伊凡·伊凡诺维奇·希施金（俄国）

推荐孕妈妈欣赏俄国著名画家希施金的名作《松树林之晨》。伊凡·伊凡诺维奇·希施金是19世纪俄国巡回展览画派最具代表性的风景画家，也是19世纪后期现实主义风景画的奠基人。

走进绘画

在松林的早晨，金色的阳光透过朝雾射向林间，清新潮湿的空气浸润着密林，巍然挺拔的松树枝叶繁茂，表现了大自然无限的生机。在这大自然的怀抱中，仿佛可以尽情地呼吸这甘美新鲜的空气，几乎能兴奋的叫出声来，聆听自己那激荡于林间的回声。在这安谧寂静的环境中，几只活泼可爱的小熊在母熊的带领下，来到林中嬉戏玩耍，它们攀援在一根折断的树干上，相互引逗，似乎在练习独立生活的本领。这一生动细节的描绘，使整个画面产生了动静结合的艺术效果，同时，也增强了观者身临其境的真实感。

唯美视觉

大片松林虽然布满整个画面，但是，由于安排得错落有致，主次分明，虚实相间，使画面显得多而不乱，密而不塞，给人以疏朗、开阔、深远的感觉。

《松树林之晨》/ 伊凡·伊凡诺维奇·希施金（俄国）

《赋得古原草送别》 ◎白居易（唐代）

《赋得古原草送别》是唐代诗人白居易的成名作。此诗通过对古原上野草的描绘，抒发送别友人时的依依惜别之情。孕妈妈在闲暇之余可以常去公园或郊外走走，领略一下大自然的风光。同时可以给胎宝宝诵读几首唐诗，借景抒情，让胎宝宝感受到自然美与韵律美的结合。

走进诗歌

大地春回，芳草芊芊的古原上，我为你送别，看到萋萋芳草，年年岁岁，枯了还复青，野火再烈，春风细寸里，生命也会轮回。亲爱的朋友，此去几时回？遥远的古道弥漫着温馨的草香，明媚的阳光下，一片翠绿连接荒域，在这样的时刻目送你远去，心中充满离别之情。以草写离情，巧妙妥贴，令人想起"王孙游兮不归，芳草生兮萋萋"的咏叹，也使人产生"离恨如春草，更深更远还生"的共鸣。

赋得古原草送别

——白居易

离离原上草，一岁一枯荣。
野火烧不尽，春风吹又生。
远芳侵古道，晴翠接荒城。
又送王孙去，萋萋满别情。

作者介绍

白居易（772—846年）字乐天，晚年又号香山居士，河南新郑（今郑州新郑）人，我国唐代伟大的现实主义诗人，中国文学史上负有盛名且影响深远的诗人和文学家。他的诗歌题材广泛，形式多样，语言平易通俗，有"诗魔"和"诗王"之称。官至翰林学士、左赞善大夫。有《白氏长庆集》传世，代表诗作有《长恨歌》《卖炭翁》《琵琶行》等。白居易故居纪念馆坐落于洛阳市郊。白园（白居易墓）坐落在洛阳城南香山的琵琶峰。

艺术胎教

004

胎教故事

农夫与蛇

从前，有一位农夫在寒冷的冬天里看见一条正在冬眠的蛇，误以为蛇冻僵了，就把它捡起来，小心翼翼地揣进怀里，用自己的体温温暖着它。

那蛇受了惊吓，被吵醒了。等到它彻底苏醒过来，便因为自卫的本能，用尖利的毒牙狠狠地咬了农夫一口，使农夫受了致命的创伤。

农夫临死的时候痛悔地说："我欲行善积德，但学识浅薄，结果害了自己，遭到这样的报应。"

■ 宝贝，妈妈对你说

宝贝，这个故事给那些貌似"善良"的人一个教训。农夫虽然好心"救"了蛇，但他并不了解蛇有冬眠的习性，因此，农夫的救助反而使冬眠中的蛇受到惊吓，反咬农夫一口。这个故事告诉我们，善意不是随便施与的，能够真正了解别人的需求才是重要的，帮助了并不需要帮助的人反而会伤到自己。

005

胎教故事

十二生肖的故事

在中国的十二生肖里，有兔子、老虎、老鼠……那么，为什么没有猫呢？这里有个故事。

很久以前，有一天，人们说："我们要选十二种动物作为人的生肖，一年一种动物。"天下的动物有那么多，怎么个选法呢？这样吧，定好一个日子，这一天，动物们来报名，就选先到的十二种动物为十二生肖吧。

猫和老鼠是邻居，又是好朋友，它们都想去报名。猫说："咱们得一早起来去报名，可是我爱睡懒觉，怎么办呢？"老鼠说："别着急，别着急，你尽管睡你的大觉，我一醒来，就去叫你，咱们一块儿去。"猫听了很高兴，说："你真是我的好朋友，谢谢你了。"

到了报名那天早晨，老鼠早就醒来了，可是它光想着自己的事，把好朋友猫的事给忘了，就自己跑去报名了。

结果，老鼠被选上了。猫呢？猫因为睡懒觉，起床太迟了，等它赶到时，十二种动物已被选定了。

猫没有被选上，就生老鼠的气，怪老鼠没有叫它。从这以后，猫见了老鼠就要吃它，老鼠就只好拼命地逃，现在还是这样。

■ 宝贝，妈妈对你说

宝贝，故事中的猫之所以没有入选十二生肖，是因为它过于懒惰，把自己的事情托付给别人，结果连参加选拔的资格都失去了。就算猫有理由责怪老鼠，但毕竟自己连自己的事情都不当回事，还能指望别人把你的事情当回事吗？所以，猫只能怪自己，因为太懒惰错失良机。宝贝，如果你想做成某件事，那就要认真对待，充分做好准备，尽自己最大的努力去争取。你要永远记住："机会只会降临到有准备的人身上。"

孕14周

孕妈妈可多欣赏美好的画面然后联想给胎宝宝

加强 对胎宝宝的 视觉刺激

胎宝宝在孕妈妈的肚子里是不可能看到外界事物的，但他可以通过孕妈妈的视觉间接感受到外在世界。所以，孕妈妈可以观看展览会、画展，也可以到大自然中去观赏自然风光，这些都可以加强对胎宝宝的视觉刺激。

孕期状况

【孕妈妈】 受到便秘的困扰

由于孕激素水平的升高，小肠的平滑肌运动减慢，使孕妈妈遭受便秘的痛苦。同时，扩大的子宫也压迫肠道，影响其正常功能。解决便秘的最好方法就是多喝水，多吃纤维素丰富的水果和蔬菜。

小提示

孕激素水平的提高也会使孕妈妈皮肤表层下的血管丰富起来，让孕妈妈的皮肤看上去很有光泽。由于激素变化，孕妈妈的头发也更加浓密。

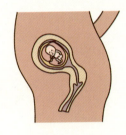

为了口腔健康，一定要减少吃糖的次数，尤其是午休和晚上睡前不要吃糖。

【怀孕14周】

胎宝宝状况

【胎宝宝】 开始长出汗毛

胎宝宝的脸部继续发育，逐渐形成面颊和鼻梁，耳朵和眼睛已经归位。胎宝宝的皮肤上开始长出螺旋形汗毛。这些汗毛会决定胎宝宝将来的肤色，同时也有保护皮肤的作用。

小提示

这时候敏感的孕妈妈会感觉到胎动，但是大多数都在16-20周才会感觉到胎动。胎宝宝会做皱眉、做鬼脸等动作。

胎宝宝长76～100毫米，体重28克。

羊膜囊　脸
脐带　胳膊
胎盘　胎毛

【怀孕14周】

艺术胎教

006 音乐欣赏

《G大调小步舞曲》 ○约翰·塞巴斯蒂安·巴赫（德国）

小步舞原是起源于法国勃列坦省的一种三拍子民间舞蹈。17世纪50年代，由于法国皇帝路易十六的提倡，小步舞在法国宫廷和贵族社会中很流行，不久，又流传到欧洲其他各国，并形成了中庸速度和庄严、典雅的风格。

如果孕妈妈希望胎宝宝出生后具有活泼开朗的性格，那么就要多听轻松欢快的乐曲，多想想开心和幸福的事情。

走进音乐

约翰·塞巴斯蒂安·巴赫写过多首《小步舞曲》。仅在《巴赫初级钢琴曲集》里，就收集有十一首。可是，这些小步舞曲既没有作品编号，也没有注明创作时间。在约翰·塞巴斯蒂安·巴赫生活的时代，还没有钢琴，现在我们见到的约翰·塞巴斯蒂安·巴赫的钢琴曲谱，实际上是约翰·塞巴斯蒂安·巴赫写的一些羽管键琴曲。约翰·塞巴斯蒂安·巴赫有许多孩子，他经常为他们写一些羽管键琴练习曲，《十二平均律曲集》就是这类练习曲中最著名的一部。

■ 聆听旋律

约翰·塞巴斯蒂安·巴赫的这首《G大调小步舞曲》虽然简单，但由于曲调动听，不少乐队把它编成管弦乐或轻音乐曲演奏，成为约翰·塞巴斯蒂安·巴赫最通俗的名曲之一。

孕妈妈通过倾听这首《G大调小步舞曲》可以让自己轻松快乐起来，达到影响胎宝宝的目的。

艺术胎教

007 文化欣赏

《年画》

年画是中国画的一种，始于古代的"门神画"。是中国民间艺术的瑰宝。孕妈妈多了解一下民间文化，讲给胎宝宝听。年画中许多孩童的形象大都体态浑圆、虎头虎脑，具有喜庆、欢乐之感，让孕妈妈联想到自己的宝宝也一定十分可爱。

第三章 孕中期艺术胎教跟我做

杨家埠年画

潍县杨家埠木版年画是流传于山东省潍坊市杨家埠的一种民间版画，是我国民间艺术宝库中的一朵奇葩，以浓郁的乡土气息和淳朴鲜明的艺术风格而驰名中外。杨家埠村在潍坊市东北15公里处，由于盛产木版年画而远近闻名。杨家埠木版年画制作方法简便，工艺精湛，色彩鲜艳，内容丰富。每年春节年画题材都会更换一次，许多新思想、新事物出现之后，马上就能够在年画中反映出来，对社会的进步起到一定的促进作用。另外，杨家埠木版年画还间接地记录下了中国民居和民间社会生活的情况，对于中国古代文化的研究有一定的参考价值。

桃花坞年画

桃花坞年画，主要有门画、中画和屏条等形式，其中门画可谓集历代门神之大全。桃花坞年画，系用一版一色的木版套印方法印刷出来，工艺精美，一幅画要套印四五次至十几次，有的还要经过"描金"、"扫银"、"敷粉"等工序。在色彩上，有桃红、大红、蓝、紫、绿、淡墨、柠檬黄等诸色。在艺术风格上，桃花坞年画构图丰富，色调艳丽，装饰性强，富有浓郁的生活气息。在人物塑造、刀法及设色上，具有朴实、稚拙、简练、丰富的民间美术特色，故数百年来一直畅销于海内外，欧洲许多国家的博物馆及艺术馆都有收藏。

艺术胎教

008

孕妈妈 唱童谣

小蚂蚁搬大虫

一只蚂蚁爬出洞，
看见一只大青虫。
推一推，摇一摇，
大虫一动也没动。

小蚂蚁，跑回洞，
叫来一群小伙伴。
大家扛起大青虫，
高高兴兴抬回洞。

■ 关于童谣

这首歌是梁弘志作曲的。梁弘志是20世纪70年代末校园民歌发展的代表人物，一生创作了500多首歌曲。他的作品曲调优美，文词婉约，充满意境和韵味，有人甚至称其为叙述情感的音乐大师。

■ 关于童谣

《卖报歌》是音乐家聂耳30年代创作脍炙人口的儿童歌曲。2/4拍，四乐句组成的一段体，五声F宫调式。

《卖报歌》曲调明快、流畅，并以朴实生动的语言，辛辣诙谐的笔调，深刻地描述了旧社会报童的苦难生活及对光明的渴望。

五个手指是一家

拇指是爸爸，爸爸开汽车，滴滴滴，
示指是妈妈，妈妈织毛衣，唰唰唰，
中指是哥哥，哥哥拍皮球，啪啪啪，
无名指是姐姐，姐姐梳小辫，编编编，
小手指就是我，我爱我的一家！

艺术胎教

009 胎教故事

旺达和狗

有个叫旺达的孩子，与猫、狗和鹰在大森林里相处得很快乐，并约定不论谁遇到了困难，其他三个都齐心协力帮忙。这天，旺达扛着猎枪，带上三个弟兄去打猎。当他们坐下来休息时，一只巨熊忽然从身后扑了过来。

猫见势不妙，"嗖"地窜上了树；鹰展开翅膀一下子飞上云霄。旺达来不及跑开，被巨熊从身后一掌拍倒在地。狗见旺达受伤，英勇地冲过来，跳起来猛地咬住熊的喉咙……

最后旺达得救了，而狗却死了，旺达流着眼泪安葬了它。

■ 宝贝，妈妈对你说

宝贝，这个故事中的狗是伟大的，猫和鹰是令人唾弃的。平常，猫和鹰很乖是因为它们有依靠，有旺达靠着，给它们吃，给它们喝。可是一旦和旺达一起遇到危险了，就逃之夭夭，离开旺达。而狗却在旺达最危难的时候挺身而出，这才是患难之交。所以，宝贝，我们交朋友，并不是看他们的外表怎么样，家境怎么样，而是看他们的品质，要交能跟我们同风雨、共患难的朋友，这样的朋友才是真正的朋友！

010
胎教故事

断尾的狐狸

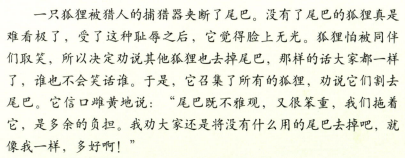

一只狐狸被猎人的捕猎器夹断了尾巴。没有了尾巴的狐狸真是难看极了，受了这种耻辱之后，它觉得脸上无光。狐狸怕被同伴们取笑，所以决定劝说其他狐狸也去掉尾巴，那样的话大家都一样了，谁也不会笑话谁。于是，它召集了所有的狐狸，劝说它们割去尾巴。它信口雌黄地说："尾巴既不雅观，又很笨重，我们拖着它，是多余的负担。我劝大家还是将没有什么用的尾巴去掉吧，就像我一样，多好啊！"

其他狐狸正在将信将疑地听着，断了尾巴的狐狸没注意到同伴的表情，说得更起劲了。这时，有一只狐狸站起来说："喂，朋友，如果这对你没利，你就不会这样煞费苦心地来劝说我们了。"

■ **宝贝，妈妈对你说**

宝贝，狐狸断尾后自觉丑陋，这时它的正确做法应该是：告诫它的同伴吸取它的教训，引以为戒。可是狐狸并没有这么做，为了让自己获得心理平衡，居然劝说同伴和它一样也断掉尾巴。宝贝，狐狸的这种做法是不是很不好？我们在日常生活中，千万不要为了自己的利益而损害他人利益，人与人之间交往要以诚相待，才能得到别人的尊重。

99

孕中期···
孕**15**周

培育胎宝宝心灵的关键

由于胎宝宝在母体子宫内不能主动获取营养、选择环境，他只能被动地生活。因此，母体的健康状况、情绪感受、生活方式等都将对胎宝宝产生直接或间接的影响。这就要求孕妈妈要有良好的心境、情绪以及健康的生活方式，并注重避免有害心理的事情发生，给胎宝宝创造一个安全、营养、温馨的生长空间。

孕期状况

{孕妈妈} 腹部有了一定的隆起

此时可以考虑买孕妇装了，因为宽松的衣服会使孕妈妈感觉更舒服。虽然离预产期还有一段时间，但是乳房内已经开始生成乳汁。分泌乳汁时可在胸部垫上棉纱，并在洗澡时用温水轻轻地清洗乳头。

小提示 胎宝宝能感受舒适或不舒服，大约是在孕妈妈怀孕14周的时候。这正是孕妈妈好不容易开始习惯怀孕的时候。研究发现，胎宝宝在形成人形的时期，心灵已经开始形成。母亲的情绪，是培育胎宝宝心灵的关键，孕妈妈要学会自我安慰、自我调节。

现在是胎宝宝长牙根的时期，孕妈妈要适量吃含钙食物。

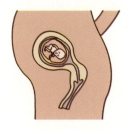

【怀孕15周】

胎宝宝状况

{胎宝宝} 胎宝宝的条件反射能力加强

此时羊水的量也开始增多，胎宝宝在羊水中可以自由自在地活动。此时的胎宝宝开始长眉毛，头发继续生长。随着肌肉的发达，胎宝宝会握拳，会睁开眼睛，还会皱眉头，有时还能吸吮自己的拇指。

小提示 这时候胎宝宝会在子宫里做各种动作，例如握拳头、眯眼睛、打嗝等，孕妈妈可以闭起眼睛，用心感受和想象胎宝宝的动作。

胎宝宝长100～120毫米，体重50克。

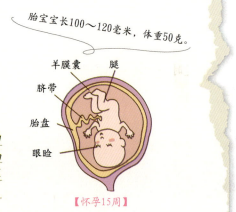

羊膜囊　　腿
脐带
胎盘
眼睑

【怀孕15周】

011 音乐欣赏

《儿时情景》 ◎罗伯特·舒曼（德国）

本周孕妈妈情绪波动时，可以听一听罗伯特·舒曼的钢琴套曲《儿时情景》。罗伯特·舒曼是德国著名作曲家、音乐评论家，是浪漫主义音乐成熟时期的代表之一。《儿时情景》由13首小曲组成。

异国以及异国人

平稳四分音符夹杂着不安分的附点节奏，表现孩子听到异国故事时诧异好奇的神情。

离奇的故事

突变的节奏使乐曲显得夸张活泼，仿佛古怪离奇的故事。

捉迷藏

上上下下飞快跳跃的顿音，展现孩子们你躲我藏、追逐游戏的情景。

孩子的请求

亲切温柔的旋律充满稚气，并带有祈求、幻想的情绪，描绘孩子提出请求期待答复时的神情。

愉快

欢快的旋律音型在高低声部轮番出现，微妙地刻画了孩子得到所期望的东西后满足幸福的心理。

重要事件

夸张而单纯的顿音、呆板的节奏，呈现出孩子一本正经的严肃面孔，令人发笑。

梦幻

这是其中最精彩的一首。乐曲节奏缓慢平稳，旋律细腻动人，在丰满的和弦衬托下，渗透着梦境般的诗意。

壁炉旁

柔和舒展的旋律描绘了一幅充满融融之乐，和谐温暖的家庭图景。

木马骑士

在持续音上奏出带切分节奏的旋律简洁生动，描绘晃动的木马和木马上的小骑士。

过分认真

跨小节的绵绵不断的切入构成严肃单调的主题，描绘孩子努力思索的神情。

惊吓

平静的主题交织着紧张的半音经过的和弦，经音乐罩上一层恐怖色彩，刻画儿童听到鬼怪故事后害怕惊恐而又好奇的心理。

入眠

晃动的节奏与卡农手法的运用，形成了摇篮曲般温和宁静的气氛，平静舒缓的音乐表明孩子已酣然入睡。

诗人说话了

这首终曲是以成人的口吻写成，旋律悠缓，蕴含着迷惘惆怅的心情，表达对已逝童年的忧伤和感慨。

012 名画欣赏

《小园丁》 ◎吉普林斯基（俄国）

推荐孕妈妈欣赏一幅油画《小园丁》。《小园丁》是俄国19世纪上半期最杰出的肖像画家吉普林斯基的作品，他毕业于彼得堡美术学院。从他的肖像画中可以看出他豪放的笔触和熟练的油画技法。

走进绘画

1816年，吉普林斯基有机会去意大利留学，他在罗马时创作了这幅《小园丁》。

这是一位意大利小园丁，他手执弯刀趴在石头上歇息，睁大一双眼睛陷入深深的沉思之中，画中人物有着柔和的轮廓线和富有表现力的造型。看了这幅画后孕妈妈不禁会想，他在想什么呢？

■ 唯美视觉

吉普林斯基所画的肖像都力图刻画人物的精神世界并揭示出人物个性，具有一定的浪漫情调。他注重光和色彩的处理，画面明暗对比强烈，也对人物的眼神、表情以及所处的精神状态刻画得细致入微。

吉普林斯基在意大利的最后一年创作了这幅肖像，从中呈现典型的古典主义风格，构图严谨、完整。人物形象细腻精致。头饰和披风的质量感和服饰纹样的周密都与他在国内早期画的肖像有别。

《小园丁》／吉普林斯基（俄国）

果蔬沙拉

如果孕妈妈食欲缺乏或者不喜欢吃蔬菜，可以适量吃果蔬沙拉，不仅可以增进食欲补充维生素，还能够缓解便秘。下面为孕妈妈推荐一道简单又可口的蔬果沙拉。

烹饪原料

百合2个，芒果1个，黄瓜1根，紫甘蓝1/4个，沙拉酱、原味番茄酱各适量。

制作方法

1.百合剥去外层的枯瓣，洗净；芒果去皮、去核切成2厘米见方的小块；黄瓜去皮，切成与芒果同等大小的块；紫甘蓝撕成圆片状。

2.将加工好的所有材料混合，装入密封盒中，放入冰箱冷藏30分钟。

3.取一个小碗，将适量的沙拉酱与番茄酱，倒入混合的果蔬中，充分拌匀。

艺术胎教

014
胎教故事

■ **宝贝，妈妈对你说**

　　宝贝，这个故事告诉我们，团结具有不可征服的力量。如果一个集体内部之间互相争斗，最易损耗自己，从而轻易被人征服。只有团结起来，大家齐心合力，才是不可战胜的。

团结有力量

　　一位农夫有三个能干的儿子。可是，他们之间却并不和睦。

　　有一天，农夫将一捆树枝递给大儿子，让他折断这捆树枝。老大接过来用力折了几下，树枝一根也没断。老二和老三也试着折，都折不断这捆树枝。农夫把那捆树枝解开，分给三个儿子每人一根，说："你们试试，现在会是什么结果。"三个儿子接过树枝，毫不费力地就把树枝全都折断了。

　　这时，农夫语重心长地对三个儿子说："树枝成捆时，谁都不能把它们折断，一旦分成一根一根的，谁都可以轻易地将它折断，这就是团结的力量。"三个兄弟明白了这个道理，从此以后，就变得非常团结了。

015
胎教故事

夭折的小树

埋怨那些高大的树遮住了阳光，使得它只能待在黑暗里；埋怨大树挡住了风，使得它呼吸不到新鲜空气；它还恨那些结满了诱人果实的大树抢走了原本属于它的营养。

一天，森林里来了一位伐木工人。他听到了小树的哭诉，就决定帮助它。这个伐木工人砍掉了所有的大树，小树心里别提多高兴了。可是，小树的命运也随着改变了，变得非常悲惨。

太阳出来了，小树没有大树的遮挡，被晒得浑身焦枯；雨雪冰雹侵袭时，小树没有大树的庇护，树枝被折断了；狂风肆虐的时候，小树终于被吹倒了，瘫在地上，死去了。

■ 宝贝，妈妈对你说

故事中，怨天尤人的小树失去了帮助它的好朋友，同时也断送了自己的性命。生活中，我们要珍惜身边的朋友，珍惜身边每一个人带给我们的快乐和幸福，同时也要努力地为他们创造美好的生活，自己也会幸福。亲爱的宝贝，朋友是我们生命中最宝贵的财富，有些时候，失去朋友的帮助和保护，我们的生活就会过得很艰难。

孕中期…
孕 **16** 周

轻抚腹部与胎宝宝交流

丰富胎宝宝右脑发育的胎教

孕妈妈在怀孕期间的思想、行为都可以影响到胎宝宝出生后的性格、习惯、智力等各个方面。本周孕妈妈可以在音乐的伴奏下，读一些优美的诗词给胎宝宝听，这不仅可以使孕妈妈本身得以充实、丰富，同时熏陶了腹中的胎宝宝，刺激胎宝宝的大脑快速发育。

孕期状况

【孕妈妈】 注意调节体重

随着食欲的增强，孕妈妈的体重会迅速增加，怀孕初期体重增长太多容易患高血压综合征等疾病，所以要注意控制体重。20%的孕妈妈会在本周感受到第一次胎动，但大多数孕妈妈会在18～20周能感受到第一次胎动。

小提示 孕妈妈应采取淋浴的方式洗澡，不要盆浴。因为怀孕后阴道内具有灭菌作用的酸性分泌物减少，体内的自然防御机能降低，容易感染上滴虫或发生霉菌性阴道炎，影响母子的身体健康。

每天确保饮用2 000毫升水，摄入1 000～1 200毫克钙，25～35毫克铁。

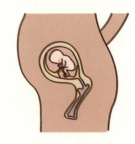

【怀孕16周】

胎宝宝状况

【胎宝宝】 开始能做许多动作

胎宝宝的神经系统开始工作，肌肉对于来自脑部的刺激有了反应，因此能够协调运动。现在能够通过超声波扫描分辨出胎宝宝的性别了。通过羊膜穿刺术，可以获得有关胎宝宝是否健康的重要信息。

小提示 羊膜穿刺是在16周左右做的产前检查。它发现胎宝宝是否患有唐氏综合征和染色体异常的准确率超过99%。但是这项检查有1/200～1/400的可能性会导致流产。

胎宝宝长约12毫米，体重150克。

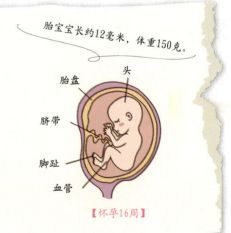

头
胎盘
脐带
脚趾
血管

【怀孕16周】

艺术胎教
016
音乐欣赏

《春之声圆舞曲》 ◎小约翰·施特劳斯（德国）

现在，胎宝宝已经处于一个相对稳定的状态，孕妈妈终于可以松一口气了。这个阶段，推荐孕妈妈听一听小约翰·施特劳斯《春之声圆舞曲》，边听边可以翩翩起舞，但还是要注意动作幅度不要过大，以免对胎宝宝不利。

走进音乐

作为一首圆舞曲，此曲与作者其他的圆舞曲迥然不同：它并不是典型的维也纳圆舞曲，也不是作为舞蹈伴奏音乐而创作，它本身就是舞台上表演的音乐节目，具有纯粹的音乐表演性质。节奏自由、充满变化，旋律生动而连贯，具有较强的欣赏性，很少用于伴舞，原谱中也没有注明各个段落，另外此曲还带有回旋曲的特征。

■ 聆听旋律

曲中生动地描绘了大地回春、冰雪消融、一派生机的景象，华丽敏捷的旋律如春天的气息扑面而来，洋溢着青春活力。

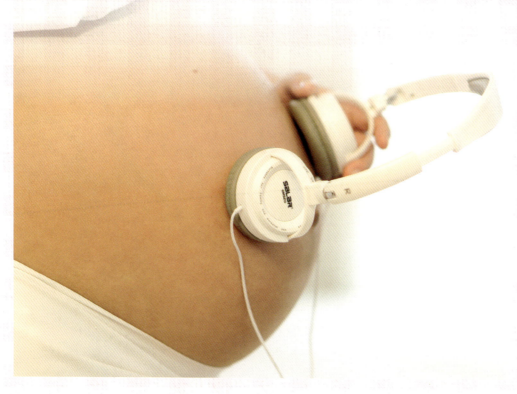

艺术胎教

017 翻绳游戏

《降落伞》

　　孕妈妈在怀孕过程中，不要每天只考虑工作中的事情，一定要抽时间让自己放松下来，腹中的小宝贝需要"妈妈"的呵护与关爱；孕妈妈可以试一试小时候玩的翻绳游戏，一边翻一边告诉胎宝宝翻出来的是降落伞，然后把降落伞的样子想象给胎宝宝。

1 取一根绳子，套在左手的拇指和小指上。

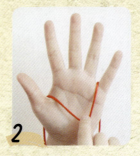

2 用右手将左手手掌处的绳子向下拉。

3 右手拉绳子之后的效果。

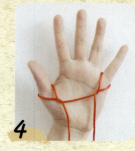

4 用右手将绳子如图所示再绕一圈。

5 右手的拇指和示指放进所示位置再将绳子向下拉。

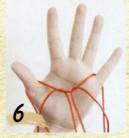

6 拉到此位置后继续向下拉。

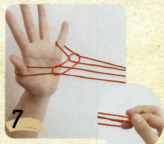

7 拉出来后的效果。

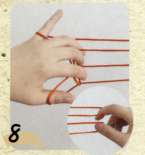

8 用右手的示指、中指和无名指放进如图所示的位置。

9 将右手拉住的绳子绕到左手手背后面。

10 将左手竖立，右手抓住左手中指根部的绳子向下拉。

11 拉到如图所示的位置，"降落伞"即完成。

艺术胎教

018
散文 欣赏

《给爱恩丝》 ◎珀西·比希·雪莱（英国）

　　珀西·比希·雪莱，是英国文学史上最有才华的抒情诗人之一，更被誉为诗人中的诗人。其一生见识广泛，不仅是柏拉图主义者，更是个伟大的理想主义者。

　　《给爱恩丝》是珀西·比希·雪莱赞美他的新生女儿爱恩丝的，从诗句中表达出了珀西·比希·雪莱对女儿的喜爱及赞美之情。孕妈妈可以充满感情地把这首诗读给胎宝宝听。

艺术**胎教**200例

你可爱极了，婴孩，我这么爱你！
你那微带笑靥的面颊，蓝眼睛，
你那亲热的、柔软动人的躯体，
教充满憎恨的铁心都生出爱心；
有时候，你要睡就马上睡着了，
你母亲俯身把你抱紧在她清醒的心上，
你默默的眼睛所感到的一切动静就把她喜悦的爱怜传到你身上；
有时候，她把你抱在洁白的胸口，
我深情注视你的脸，她的面貌就在你脸上隐现——这样的时候，
你更可爱了，美丽纤弱的花苞；
你母亲的美影借你温柔的神态充分呈现后，
你就最最可爱！
——《给爱恩丝》全文

艺术胎教

019 胎教故事

白雪公主

有位怀着宝宝的王后向上帝祈祷：我希望我未来的宝贝像白雪一样心地纯洁善良，相貌美丽优雅！不久，王后果真生了个漂亮的女儿，取名为"白雪"。不幸的是，没过多久王后便病逝了。

一年后，国王新娶了一位王后。这是个美丽的女人，但是她的心像冰冷的石头一样冷酷无情。王后从魔法师那里想方设法得到了一面魔镜，从那以后王后每天都要问魔镜："魔镜、魔镜，快告诉我这世上谁最美丽？"魔镜每次都如实回答："王后最美丽。"

白雪公主渐渐长大了，她真的像她的母后所希望的那样，美丽又善良。无情的王后像对待仆人一样使唤着白雪公主。时光飞逝，白雪公主出落得更漂亮了，她的美终于被魔镜发现了。有一天早上，王后装扮后又问魔镜："魔镜、魔镜，快告诉我这世上谁最美丽？"魔镜回答："白雪公主最美丽，她比您美上一千倍。"王后听了，

大吃一惊，嫉妒使她丧失了理智。她找来了一位猎人，声嘶力竭地叫嚷着要他赶快把白雪公主带到黑森林里去杀了，并要他带回白雪公主的肺和肝。天真的白雪公主跟着猎人来到黑森林边，好心的猎人喜欢她的歌声，仰慕她的美丽，不忍心杀她，于是对她说："王后要杀你，快逃走吧，躲到王后找不到的地方去，永远也不要出现！"

白雪公主跌跌撞撞、伤心地跑进黑森林，看见森林深处有幢小巧可爱的木屋，屋里的东西也都很小巧精致，那里有七张小床。白雪公主又饿又渴又累，便倒在一张舒适的小床上睡着了。

小木屋的主人回来了，他们是七个小矮人。他们发现了躺在床上的白雪公主，当白雪公主醒来时，流着眼泪向矮人们诉说了自己的遭遇。小矮人们也向白雪公主介绍了自己，他们一致希望她留下来。白雪公主和小矮人们在

一起感到很快乐，也很安全，于是她便留了下来。她每天为矮人们烧饭、铺床、洗衣服，可把忙碌的矮人们乐坏了。

王后过了一段舒心的日子后又不放心了。一天，她问魔镜："魔镜、魔镜，谁是这世上最美丽的女人？"魔镜说："翻过七座山冈，小矮人家中的白雪公主最美丽。"王后听后恨得差点把牙咬碎了。她调制出一种能改变自己真实面目的药水，把自己变成一个可怜兮兮的丑老太婆，她还将一只苹果涂上一种有毒的药水。

"丑老太婆"来到小木屋的窗前，吆喝道："卖苹果喽，又香又甜的大苹果。"白雪公主禁不住打开了窗户。"丑老太婆"对白雪公主说："你好，亲爱的，尝尝这只又大又甜的苹果吧，吃了你会更美。"说着，她拿出了毒苹果。白雪公主吃了苹果后不幸的事情就发生了！七个小矮人急忙跑回小木屋，可是白雪公主已经倒在了地上，停止了呼吸。

王后回宫后又问魔镜："魔镜、魔镜，谁是这世上最美丽的女人？"魔镜回答："王后最美丽。"恶毒的王后终于笑了。白雪公主再也没有被救过来。小矮人们不舍得将她埋葬，含着眼泪把她装入一口玻璃棺材中，放在山上他们干活的地方，这样就能够天天陪伴着她。白雪公主在棺材里躺了10年，可样子像是在沉睡，脸色白里透红，头发又黑又亮。

一天，邻国的一位王子来森林里打猎，发现了躺在棺材里的美丽的白雪公主，一下子就喜欢上了她。得到矮人们的同意后，王子命仆人把白雪公主的棺材抬回自己的皇宫去。不料，棺材刚抬起来，就撞到了树上，白雪公主受到震动，吐出了那片毒苹果，她立刻睁开了双眼。

王子和公主举行了盛大的婚礼。婚礼上，王后一眼便认出那新娘就是白雪公主，气得她差点昏死过去。这时，七个小矮人为王后送来了一双烧红的铁鞋，已丧失理智的王后拿起它就穿在脚上。王后穿上那双烤得红彤彤的铁鞋后，一个劲儿地跳舞，一直跳到死在地上。

■ **宝贝，妈妈对你说**

　　白雪公主正是因为她的善良，才得到了大家的喜爱，也正是因为得到大家的喜爱，才没有惨死在猎人的手中，才会在孤独无助的时候打动了七个小矮人，得到了小矮人的帮助。即使死后，七个小矮人还为她做了水晶棺，让她最终有机会与王子相遇，重新生还。因而，我的宝贝，做一个善良的人，最终一定会有好的结果。另外，我的宝贝，这个故事还告诉我们：不应该轻信陌生人的话；不应该随便接受别人的东西；不应该随便吃别人的东西。

孕中期...

孕**17**周

胎教并非刻意，是来自孕妈妈真情流露

孕妈妈与胎宝宝进行温柔对话

从孕17周开始，胎宝宝的听力形成。这个时期胎宝宝对声音已相当敏感，胎宝宝在宫内就有听力，能分辨和听到各种不同的声音，并能进行"学习"，形成"记忆"，可影响到出生后的发音和行为。如果坚持跟胎宝宝对话，不但胎宝宝会认识孕妈妈的声音，还能成为培养他语言能力的捷径。

【孕期状况】

〔孕妈妈〕 会感到呼吸困难

孕妈妈小腹突出很明显了，现在，孕妈妈最少长了两千克体重，有的孕妈妈甚至长了5千克。孕妈妈偶尔会感到腹部有一阵阵的剧痛，这种疼痛是腹部韧带拉伸造成的，有些人还会因此而背疼。

小提示 孕妈妈要学会控制体重，要根据正常体重增长的规律合理调整膳食，多做些轻缓的运动。孕期女性体重平均要增加10~12.5千克，孕妈妈肥胖容易诱发妊娠糖尿病、妊娠高血压综合征等，从而影响胎宝宝发育。

容易出现鼻塞、鼻黏膜充血和出血，可使用加湿器或喝足够多的水来缓解。

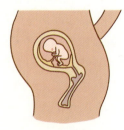

【怀孕17周】

【胎宝宝状况】

〔胎宝宝〕 胎宝宝迅速成长

胎宝宝的头虽然仍较大，但看起来已经开始和身体的其他部分成比例了。他的双眼更大了，但仍紧闭着，睫毛和眼眉长得更长。这时期胎宝宝迅速成长，脂肪开始在胎宝宝的皮下聚集，帮助保暖并提供能量。

小提示 这时候胎宝宝已经很稳定了，他喜欢来回翻滚，有时候孕妈妈会有小鱼吐泡或者来回翻滚的感觉，不要担心，这是胎宝宝在运动呢！

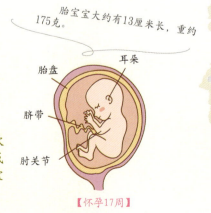

胎宝宝大约有13厘米长，重约175克。

胎盘 / 耳朵 / 脐带 / 肘关节

【怀孕17周】

第三章 孕中期 艺术胎教跟我做

020 音乐欣赏

◎雅科布·路德维希·费利克斯·门德尔松·巴托尔迪（德国）

怀孕17周，胎宝宝开始有听觉，因此孕妈妈要多让胎宝宝收听美好的声音，这声音可以是音乐、鸟鸣或孕妈妈温柔的话语。本周推荐孕妈妈欣赏雅科布·路德维希·费利克斯·门德尔松·巴托尔迪的《乘着歌声的翅膀》。

走进音乐

这首歌的歌词来自海涅的一首抒情诗。全曲以流畅的旋律和分解的和弦构成了柔美的伴奏，描绘了一幅温馨而富有浪漫主义色彩的景象——乘着歌声的翅膀，跟亲爱的人一起前往恒河岸旁，在开满红花、玉莲、玫瑰、紫罗兰的宁静月夜，听着远处圣河发出的潺潺涛声，在椰林中享受爱的欢悦、憧憬幸福的梦……

■ 聆听旋律

曲中不时出现的下行大跳音程，生动地渲染了这美丽动人的情景。

作者介绍

雅科布·路德维希·费利克斯·门德尔松1809年出生于汉堡一个犹太家庭。祖父是哲学家摩西·门德尔松，父亲是成功的银行家，费利克斯在养尊处优又有文化修养的环境中成长。母亲是钢琴家，他的钢琴启蒙课就是母亲教的。姐姐范尼·卡西里（1805—1847年）是一位在钢琴和作曲方面的可造之材，而且是费利克斯珍贵的挚友。

021
名画欣赏

《小淘气》 ◎威廉·阿道夫·布格罗（法国）

《小淘气》是威廉·阿道夫·布格罗的作品。威廉·阿道夫·布格罗是法国19世纪上半叶至19世纪末法国学院派艺术绘画的最重要人物。布格罗追求唯美主义，擅长创造美好、理想化的境界。孕妈妈看到这幅画，也会情不自禁地联想自己未来的宝宝，会不会也像画中的小淘气一样顽皮、可爱。

走进绘画

《小淘气》中的画面表现的是妈妈将孩子从栏杆上抱下来的一瞬间。孩子粉红的脸庞，在周围墨绿的浓荫中，这抹粉红让整个画面显得极其生动，正对着画面，像天使一般美丽；母亲把脸庞侧面留给观赏者，留下巨大的想象空间。母亲与孩子对视的那一瞬间，正是心灵的无声交流。

■ 唯美视觉

布格罗的作品已经完全摆脱了古典主义手法的束缚，从生活出发，表达一种博爱的人性思想。他强调形式之美，关注母爱，善于运用幻想的方式，注重女性美感的塑造。因此，这种完美的风格吸引了大批艺术追随者，他一生获得多种殊荣，成为当时法国最著名的画家。

《小淘气》/威廉·阿道夫·布格罗（法国）

022
插花欣赏

《休闲时光》

现在开始到孕中期结束，应该是孕妈妈感到身体最舒服的阶段，早孕反应已完全消失，身体还没开始变沉重，因此，孕妈妈现在心情大好，做什么事都很有兴致。那么不妨趁此时机亲手制作花艺，怡情养性，悠然自居。

1. 将刚草旋转后放入花器内并注入适量的水。

2. 将白玫瑰斜插入水中。

3. 放一枝石竹梅在白玫瑰旁边，高度应低于白玫瑰。

023 胎教故事

豌豆上的公主

　　从前有一位王子，他想找一位公主结婚，他要求必须是一位真正的公主。为了寻找这位公主，他走遍了全世界，可是他无论到什么地方，总是碰到一些障碍。他虽然见到了不少公主，但是没有办法断定她们是不是真正的公主。结果他只好回到家里，他的心中很不快乐，他是多么希望得到一位真正的公主啊。

　　有一天晚上，忽然来了一阵可怕的暴风雨。只见天空中一阵电闪雷鸣，接着下起瓢泼大雨，这真是叫人害怕！正在这个时候，有人敲城门，国王的奴仆赶紧过去开门。

　　城门外站着一位美丽的姑娘，可是，也许是刚刚被雨淋过，她的样子非常狼狈，水沿着她的头发和衣服一直向下流，一直流进鞋子里，又从脚跟流了出来。可是，她大声对奴仆说，她是一位真正的公主。

　　奴仆赶紧将这个情况汇报给国王和王后。

　　"是不是真正的公主，我们马上就能考查出来。"王后心里想，她吩咐把这个自称为真正公主的姑娘带进来。王后什么话也没有说，径直走进卧室，把所有的被褥都搬开，在床榻上放了一粒豌豆，接着她又取出20床垫褥，把它们压在豌豆上，这还没完，王后又在这些垫褥上放了20床鸭绒被。随后，她吩咐仆人领这位公主夜里就睡在这张床上。

　　早晨，王后来到公主的床前，问她昨晚睡得怎么样。

　　"啊，实在是太不舒服了！"公主满脸憔悴，一副痛苦的模样说："我差不多一整夜都没有合上眼睛，天晓得我睡的这张床有什么东西。我好像觉得我一直都是睡在一块很硬的东西上面，弄得我全身发青发紫，这真是太可怕了！"

　　公主的话音刚落，大家都认准了，这是一位真正的公主，因为压在这20床垫褥和20床鸭绒被下面的只是一粒豌豆，而她居然能够感觉出来。除了真正的公主之外，任何人都不会有这么娇嫩的肌肤。

　　王子知道她是一位真正的公主后，马上就迎娶了她。

■ **宝贝，妈妈对你说**

　　这个小故事虽然情节简单，但意义很深刻。真正的王子只能与真正的公主结婚，即所谓的"门当户对"。但真正的公主的特点是什么呢？她的特点是皮肤娇嫩，嫩得连"压在这20床垫子和20床鸭绒被下面的一粒豌豆"都能感觉出来。这粒豌豆证明了公主尊贵的身份，同时也讽刺了那些在物质上极度奢侈，精神上却极度贫瘠的人。

孕中期…

孕18周

准备好迎接第一次胎动

胎宝宝的心灵世界是简单且易满足的。生命的本能欲求若能获得满足，就会形成记忆快感；若无法获得满足时，就会记忆不畅。当不愉快的感觉逐渐升高时，胎宝宝就会踢孕妈妈的肚子，以行动拼命向孕妈妈诉求不满。当胎宝宝踢孕妈妈的时候，不妨轻轻抚摩肚皮，问一问："宝贝，怎么啦！什么事让你不高兴呢？"刚开始或许他还不了解孕妈妈的意思，但只要不断地重复说，渐渐地，他就能从孕妈妈说话的语气中了解安抚的意思，能感觉到你对他的疼爱。

孕期状况

【孕妈妈】 精力开始逐渐恢复

在这一时期，孕妈妈的精力逐渐恢复，并发现性欲增强。在孕中期，动作温柔的性生活是安全的，如果有什么顾虑，可以向医生咨询。

●小提示 孕妈妈感觉到胎宝宝的运动了吗？如果你正等待第一次胎动的到来，请耐心一点。很多孕妈妈在18～20周才会感觉到第一次胎动。当孕妈妈醒着的时候，胎宝宝大部分时间在睡觉，这时孕妈妈可以尝试去刺激胎宝宝让他移动。

孕妈妈应注意补充维生素A和维生素D，以确保胎宝宝骨骼和牙齿完全。

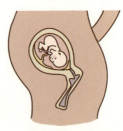

【怀孕18周】

胎宝宝状况

【胎宝宝】 可以听到胎宝宝心跳声

随着心脏跳动的活跃，利用胎心仪可以听到胎宝宝的心跳声音，而且利用超声波检查可以查出心脏是否有异常。这时是胎宝宝最活跃的阶段，胎宝宝不时地以脚踢孕妈妈肚子的方式来表达自己的存在。

●小提示 在这个阶段，胎宝宝会开始打嗝。他的打嗝儿声短促有力，打嗝儿声一连串的、有规律的、一个接一个，而且通常伴随着温和的四肢伸展运动。

胎宝宝长约140毫米，体重160～198克。

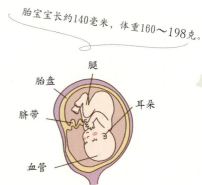

腿

胎盘

脐带

耳朵

血管

【怀孕18周】

艺术胎教

024 音乐欣赏

《紫蝴蝶》 ◎班得瑞（瑞士）

孕18周，一般情况下，孕妈妈在本周都会感觉到胎动了。这时你可以和胎宝宝做更多的交流，甚至与他一起做游戏。当然，音乐仍然是不可缺少的。推荐孕妈妈听下面这首班得瑞的《紫蝴蝶》，乐曲会轻易地把孕妈妈带入充满朦胧和美感的音乐世界中，让你享受万籁俱寂的宁静时刻。

走进音乐

紫色一向被认为代表贵气，这首华丽有加的曲子，轻盈俏皮且富有节奏感的小调旋律，穿梭在精彩多变的炫丽音色中，活像一只只花丛里翻飞的紫蝴蝶。

■ 聆听旋律

弦乐几乎一开始就不甘寂寞地加入了飞舞的游戏，甚至副歌桥段中共赴花舞的拟人声也充满高贵气息。曲子在你以为正高潮的时候骤然停止了，就如同所有的盛宴都有曲终人散的那一刻。

艺术胎教

025 音乐欣赏

《鳟鱼》 ◎弗朗茨·泽拉菲库斯·彼得·舒伯特（奥地利）

奥地利作曲家弗朗茨·泽拉菲库斯·彼得·舒伯特曾经创作完成了许多室内乐作品。在弗朗茨·泽拉菲库斯·彼得·舒伯特的室内乐中，被认为艺术成就最高的是弦乐五重奏，而这首《鳟鱼》五重奏，则是他所有的室内乐作品中最著名、最受人喜爱的一首。

作者介绍

弗朗茨·泽拉菲库斯·彼得·舒伯特，（1797—1828年），奥地利作曲家，出生于维也纳郊外的教师家庭。自幼随父兄学习小提琴和钢琴，少年时就显示出他在音乐创作上的特殊才能。弗朗茨·泽拉菲库斯·彼得·舒伯特的一生是在贫困中度过的，艰难的生活使他过早地离开人世。然而，弗朗茨·泽拉菲库斯·彼得·舒伯特却为人类留下了大量的不朽名作。他是早期浪漫主义音乐的代表人物，也被认为是古典主义音乐的最后一位巨匠。

走进音乐

这首为钢琴、小提琴和低音提琴所作的作品共分为五个乐章，以第四乐章最为著名，是"鳟鱼"的主题变奏。在原作的歌曲中，作者先以愉快的心情，生动地描绘了清澈小溪中快活游动的鳟鱼的可爱形象；最后，鳟鱼被猎人捕获，作者深为不满。作者用分节歌的叙事方式，表达了他对鳟鱼的命运无限同情与惋惜的心情。

■ 聆听旋律

推荐孕妈妈欣赏维也纳少年合唱团的《鳟鱼》，钢琴连音描绘着鱼儿畅游激起的水中波纹。歌声里充满喜悦和向往，有时候会叫人混淆，歌唱的究竟是鱼还是孩童。

026 胎教故事

农夫和他的儿子

从前有一个农夫，他有四个儿子。可是他们都很懒惰，为了让他的儿子改掉懒惰的毛病，农夫临死前告诉四个儿子，他把一箱珠宝埋在了葡萄园里。

农夫死后，为了得到珠宝，他的儿子个个争先恐后卖力地把那葡萄园的地从东到西、从南到北全都翻了一遍，结果什么都没找到。不过因为他们把葡萄园的地耕作了一番，这年比往年结出了更多的葡萄。

四个儿子把葡萄卖了，赚了很多的钱。这时他们才明白，父亲根本就没有在葡萄园里埋什么珠宝，而勤劳的双手才是父亲留给他们最宝贵的财富。

■ 宝贝，妈妈对你说

勤劳是人们最好的财宝。我的宝贝，农夫的儿子们最终找到了生活的真谛：勤劳是开启财富大门的金钥匙。同时也教育我们：勤劳是通向成功的必经之路。在以后的人生中，不管做什么事都不能心存侥幸，更不能有不劳而获的念头，只要靠自己的努力去争取，一定可以品尝到成功的滋味。

027
插花欣赏

《热情似火》

任何人都有追求美的心灵，孕妈妈更不例外，找一个恬淡的下午，试着将一些鲜花随性地扎成一束，闻一闻花香，告诉胎宝宝花的颜色和气味，并且告诉他这花真的很美。

1. 将石竹梅依次插入一小块花泥。
2. 再用保鲜纸将花泥裹住至不漏水。

孕中期...

孕**19**周

有"爸爸妈妈"的疼爱，胎宝宝好幸福

准爸爸对胎教的参与很重要

胎宝宝在子宫内最适宜听中、低频调的声音，而准爸爸的说话声音正是以中、低频调为主。因此，准爸爸坚持每天对胎宝宝讲话，最能够让胎宝宝熟悉准爸爸的声音，从而唤起胎宝宝积极的反应，有益于胎宝宝出生后的智力发育及情绪稳定。准爸爸不仅可以和胎宝宝讲话，还可以轻声唱歌给胎宝宝听，这不但对胎宝宝有益，也有利于稳定孕妈妈的情绪。

孕期状况

【孕妈妈】

● 皮肤色素发生变化

乳头会分泌出乳汁。这个时期，皮肤的色素变化会加剧，所以乳头的颜色会加深，偶尔会疼痛。由于流入阴道周围皮肤或肌肉的血液量增加，因此阴道内白色或淡黄色白带也会增多。

小提示

正确的坐姿可以缓解孕期不适，把这些不适降低到最低点，包括背痛。坐下时要确保腹部是由椅子的靠背支撑着，并保持双脚平放在地面。另外，健身操练习也可以保持脊柱平衡，起到支撑腰部的作用。

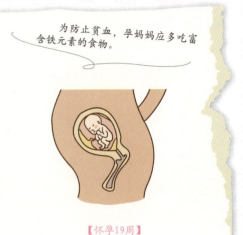

为防止贫血，孕妈妈应多吃富含铁元素的食物。

【怀孕19周】

胎宝宝状况

【胎宝宝】

● 分泌出胎宝宝皮脂

胎宝宝皮肤的腺体分泌出一种黏稠的、白色的油脂样物质，称为胎宝宝皮脂，有防水屏障的作用，可防止皮肤在羊水中过度浸泡。

小提示

胎宝宝的乳牙牙胚在妊娠期第八周开始发育，到本周为止牙胚都已形成。到出生后两岁半的时候会有一套完整的乳牙。

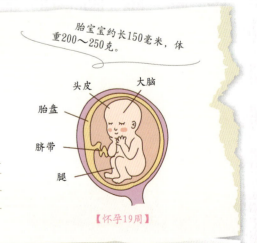

胎宝宝约长150毫米，体重200～250克。

大脑
头皮
胎盘
脐带
腿

【怀孕19周】

《铃儿响叮当》

1857年，美国波士顿假日学校的学生在教堂有一场感恩节演出，学生们请邻居彼尔彭特写了一首新歌，轻快的旋律让孩子们马上就学会了，这首名为《One Horse Open Sleigh》的歌一经演唱就引起了轰动，并很快成为了一首脍炙人口的经典圣诞歌曲。两年后，这首歌再度公开发表，正式命名为《Jingle Bells》（《铃儿响叮当》）。

走进音乐

《铃儿响叮当》是一首曲调流畅、情绪欢快的美国歌曲。生动的歌词描绘了一群孩子冒着大风雪，坐在马拉的雪橇上，他们的欢声笑语伴着清脆的马铃声回响在原野……表现了孩子们热情奔放的性格，抒发了热爱美好生活的真挚情感。

■ 聆听旋律

这首圣诞歌曲是多么欢快！孕妈妈可以把这首经典歌曲唱给宝宝听，同时随着节奏轻轻摇摆身体，并想象圣诞老人、马车、铃铛、圣诞树等形象，让胎宝宝一同感受那份快乐。

铃儿响叮当

（美国）

《蒙马特大街》 卡米耶·毕沙罗（法国）

现在是胎宝宝迅速发育的时期，所以应进一步加强抚摸胎教，锻炼胎宝宝皮肤的触觉。比较理想的抚摸时间是在傍晚胎动频繁的时候，孕妈妈可以一边抚摸一边欣赏这幅名画，并把画中的景物与自己的感受讲给胎宝宝听。

走进绘画

《蒙马特大街》是法国画家卡米耶·毕沙罗所创作，这是一幅蒙马特大街的全景图，街道两侧尽收画面，人群流动，车水马龙，由于视角宽广，楼房林立，车马人流很小，只能凭感觉用粗笔点画出来，然而显得特别生动，加之透视准确，画中车马人流仿佛在画中移动，它描绘了现代都市的繁忙热闹场面。

小提示

进行抚摸胎教时，如果胎宝宝用力挣脱蹬腿反抗时，应马上停止抚摸。如果胎宝宝以轻轻蠕动的方式作出反应，这时可以持续几分钟后再停止抚摸。

《蒙马特大街》/ 卡米耶·毕沙罗（法国）

唯美视觉

在这幅画上，构图宏伟，街景庄严而有气派；色彩丰富柔和，在冷暖色对比中，充满中间调子的过渡，形成一种细致而变化丰富的灰调子，但很明亮，它显示着光的饱满，其笔触均匀而不失活泼变化，粗犷与细致融为一体，表现出毕沙罗特有的艺术风格。

艺术胎教

030
妈妈厨艺

胡萝卜牛腩饭

　　牛肉是孕妈妈所需铁质的来源之一，因此孕妈妈现在就来烹制这道补铁菜肴吧！胡萝卜含有丰富的叶酸，并且与肉类一起烹饪最能发挥营养价值。孕妈妈在烹饪这道菜的过程中，会被食物鲜艳的颜色和特有的香味所陶醉，让烹饪成为一种享受。

烹饪原料

　　米饭、牛肉各100克，胡萝卜50克，南瓜、高汤、盐各适量。

制作方法

　　1.胡萝卜洗净，切块。南瓜洗净去皮，切块待用。将牛肉洗净，切块，焯水。

　　2.倒入高汤，加入牛肉，烧至牛肉八分熟时，下胡萝卜块和南瓜块，调味，至南瓜块和胡萝卜块酥烂即可。

　　3.将饭装盆打底，浇上烧好的牛肉即可。

艺术胎教

031
胎教故事

狼来了

从前，有个放羊娃，每天都去山上放羊。

有一天，他觉得十分无聊，就想了个捉弄大家的方法。他冲着山下正在种田的农夫们大声喊："狼来了！狼来了！救命啊！"农夫们听到喊声急忙拿着锄头和镰刀往山上跑，他们边跑边喊："不要怕，孩子，我们来帮你打恶狼！"

农夫们气喘吁吁地赶到山上一看，连狼的影子也没有！放羊娃哈哈大笑道："真有意思，你们上当了！"农夫们生气地走了。

第二天，放羊娃故技重演，善良的农夫们又冲上来帮他打狼，可还是没有见到狼的影子。放羊娃笑得直不起腰："哈哈！你们又上当了！哈哈！"大伙儿对放羊娃一而再、再而三地说谎感到十分生气，从此再也不相信他的话了。

过了几天，狼真的来了，一下子闯进了羊群。放羊娃害怕极了，拼命地向农夫们喊："狼来了！狼来了！快救命呀！狼真的来了！"

农夫们听到他的喊声，以为他又在说谎，大家都不理睬他，没有人去帮他，结果放羊娃的许多羊都被狼咬死了。

■ 宝贝，妈妈对你说

宝贝，这是个很老很老的故事，这个故事流传至今，已经教育了很多很多人。它告诫我们，做人要诚实，千万不能撒谎，否则失去信誉的人是要吃大亏的。爸爸妈妈希望我们的宝贝能够做个诚实的人，因为诚实就像金子一样宝贵，只要你能做到诚实守信，幸运就会一直陪伴着你。

032
胎教故事

文彦博树洞取球

从前，有个孩子叫文彦博。他非常聪明，又特别爱动脑筋。

有一天，他和几个小伙伴在外面踢球，大伙儿你踢过来，我踢过去，玩得可高兴了！踢了一会儿，有一个小伙伴使劲儿踢了一脚，哎呀！这一脚用力也太大了，球飞出老远老远，一下子飞到一棵大树后面了，大家赶紧跑过去找球。可是，他们围着这棵大树找呀找，绕了一圈又一圈，怎么也找不到球。小伙伴们都觉得很奇怪，明明这颗球是朝这边儿飞过来的呀！怎么一眨眼它就不见了呢？大家正在纳闷，忽然，有一个孩子叫了起来。

"快来看呀！这里有个树洞！"大家过去一看，原来，球滚到树下一个很深的洞里了。

大家有的用手掏，有的用棍儿捅，但树洞又深又曲，怎么也取不出来。

这时，文彦博想出了一个好办法。他让别的小朋友用桶打来水，灌到洞里，水灌满了，球也跟着浮上来了。

小伙伴们终于拿到了球，开心极了。大家都夸文彦博聪明，能想出这么好的办法。取出了球，他们就又可以一起开心地踢球了。

■ **宝贝，妈妈对你说**

亲爱的宝贝，每个人在成长的过程中，都会遇到各种困难。在遇到困难时，妈妈希望你能像故事中的文彦博一样，冷静地想出好办法，用智慧战胜困难，妈妈相信你一定可以做到。

孕中期...

孕20周

听觉是第一个可以使用的感觉器官

用乐曲训练胎宝宝的听觉

胎宝宝这时已经能够感受音乐，所以准爸爸和孕妈妈可以给胎宝宝播放旋律轻盈、明快、祥和，可使心绪稳定的乐曲。当然，如果孕妈妈能每天哼唱几首自己喜爱的抒情歌曲或优美而富有节奏的小调，对胎宝宝的听觉刺激是最有效的，因为，再好的音乐也比不上孕妈妈的歌声。

孕期状况

【孕妈妈】 ● 会出现消化不良、尿频等症状

子宫逐渐地往外挤，所以腹部会越来越大，而且腰部线条会完全消失。由于腹部的压力，有的孕妈妈肚脐会突出。随着子宫的增大，肺、胃、肾等器官会受到压迫，所以会出现呼吸困难、消化不良、尿频等症状，有时还会出现尿失禁的情况。

> **小提示** 散步是很适合孕妈妈的一项运动，它温和安全，既能使心情愉悦又能促进健康，孕妈妈一定要将散步坚持到孕晚期，甚至到分娩前一天。

继续补充维生素A，有利于胎宝宝视网膜发育。

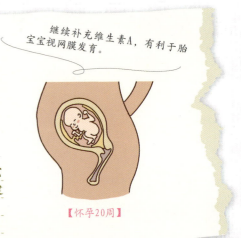

【怀孕20周】

胎宝宝状况

【胎宝宝】 ● 器官发育关键期

此时的胎宝宝完全具备了人体应有的神经系统，神经之间已经互相连接，而且肌肉比较发达，所以胎宝宝可以随意活动。有时伸懒腰，有时用手抓东西，有时还能转动身体。本周是胎宝宝的味觉、嗅觉、听觉、视觉和触觉等感觉器官发育的关键期。

> **小提示** 尽管胎宝宝可能会吮吸他的手指，但这还是一个复杂的动作，在这一阶段他还没有完全发展起来。因此，胎宝宝把其他手指或脚趾放进嘴里和把拇指放进嘴里的可能性一样。

胎宝宝长150～165毫米，体重约225克。

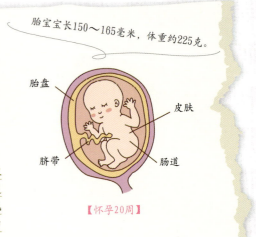

胎盘
皮肤
脐带
肠道

【怀孕20周】

033 音乐欣赏

《费加罗的婚礼》

◎沃尔夫冈·阿玛多伊斯·莫扎特（奥地利）

《费加罗的婚礼》是沃尔夫冈·阿玛多伊斯·莫扎特最杰出的三部歌剧中的一部喜剧歌剧，完成于1786年，意大利语脚本由洛伦佐·达·彭根据法国戏剧家博马舍的同名喜剧改编而成。

走进音乐

《费加罗的婚礼》序曲采用交响乐的手法，言简意赅地体现了这部喜剧所特有的轻松而无节制的欢乐，以及进展神速的节奏，这段充满生活动力而且效果辉煌的音乐本身，具有相当完整而独立的特点，因此它可以脱离歌剧而单独演奏，成为音乐会上深受欢迎的传统曲目之一。

■ 聆听旋律

开始时，小提琴奏出的第一主题疾走如飞，然后转由木管乐器咏唱，接下来是全乐队刚劲有力的加入；第二主题带有明显的抒情性，优美如歌；最后全曲在轻快的气氛中结束。孕妈妈在听这首乐曲时，是否也想起了自己婚礼的场景呢？幸福感一定会油然而生。

《圣母的婚礼》／拉斐尔·桑西（意大利）

《拉奥孔》 ◎阿格桑德罗斯（希腊）

孕妈妈可以让胎宝宝感受不同的艺术形式。推荐孕妈妈欣赏下面这幅雕塑作品，用心去体会作品中人物的情绪，想象用手抚摸雕塑凸凹起伏的线条，把这种感受讲给胎宝宝听。

走进雕塑

雕像中，拉奥孔位于中间，神情处于极度的恐惧和痛苦之中，正在极力想使自己和他的孩子从两条蛇的缠绕中挣脱出来。他抓住了一条蛇，但同时臀部被咬住了；他左侧的长子似乎还没有受伤，但被惊呆了，正在奋力想把腿从蛇的缠绕中挣脱出来；父亲右侧的次子已被蛇紧紧缠住，绝望地高高举起他的右臂。那是三个由于苦痛而扭曲的身体，所有的肌肉运动都已达到了极限，甚至到了痉挛的地步，表达出在痛苦和反抗状态下的力量和极度的紧张，让人感觉到似乎痛苦流经了所有的肌肉、神经和血管，紧张而惨烈的气氛弥漫着整个作品。

■ 作品介绍

《拉奥孔》，大理石群雕，高约184厘米，是希腊化时期的雕塑名作。阿格桑德罗斯等创作于约公元前1世纪，现收藏于罗马梵帝冈美术馆。据考证，系阿格德罗斯和他的儿子波利佐罗斯和阿典诺多罗斯三人于公元前1世纪中叶制作，1506年在罗马出土，轰动一时，被推崇为世上最完美的作品。

《拉奥孔》／阿格桑德罗斯（希腊）

■ 唯美视觉

雕刻家在作品的构图上有着精心的安排，作品呈金字塔型，稳定而富于变化，充分体现了扭曲和美的协调，显示了当时的艺术家们非凡的构图想象力。

035
插花 欣赏

《窗影》

胎宝宝现在的五感正在全面发育，嗅觉、味觉、听觉、视觉以及触觉。孕妈妈可以趁此时机对胎宝宝进行嗅觉胎教，美丽芳香的鲜花在孕妈妈手中变成了艺术品，既美化了环境，又刺激了胎宝宝的嗅觉发育。

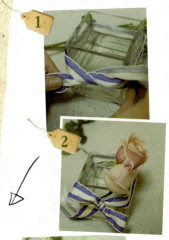

1. 把缎带系在花瓶口的位置，并制成蝴蝶结加以装饰。
2. 将两枝玫瑰依次放入花瓶的一侧。
3. 用蕾丝和叶将玻璃瓶中空余位置添满，并整理至不露瓶口。

艺术胎教

036
胎教故事

狗、公鸡和狐狸

从前，狗和公鸡是好朋友，它们一同赶路。到了晚上，公鸡一跃跳到树上，在树枝上栖息，狗就在下面树洞里过夜。

黎明到来时，公鸡像往常一样啼叫起来。有只狐狸听见鸡叫，想要吃鸡肉，便跑过来站在树下，恭敬地请公鸡下来，并说："多么美的嗓音啊！太悦耳动听了，我真想拥抱你，你快下来，让我们一起唱支二重唱吧。"

公鸡回答说："请你先叫醒树洞里的狗，它一出来，我就可以下来。"狐狸立即来到洞口叫醒了狗，狗突然跳了出来，把狐狸咬住撕碎了。

■ 宝贝，妈妈对你说

亲爱的宝贝，故事中的狐狸想要害公鸡，最后却成了狗的盘中餐。这是狐狸应得的下场，谁让它有害人之心呢！那么，故事中的公鸡是不是很聪明啊？它虽然不如狐狸强大，但是它和狗成为朋友，它依靠强大的朋友保护了自己。妈妈也愿意成为你的好朋友，一直保护你，我的宝贝。

第三章 孕中期 艺术 胎教跟我做

132

037
胎教故事

掉在井里的狐狸和公山羊

一只狐狸不小心掉进了井里，井太深了，无论它怎样拼命挣扎也没办法爬上去，于是，只好待在那里。

一只公山羊觉得口渴了，来到这口井边，看见狐狸在井下，便问它井水好不好喝。狐狸觉得机会来了，心中暗喜，极力赞美井水好喝，说这水清甜爽口，好喝极了，并劝山羊赶快下来，与它一起痛饮。

公山羊相信了狐狸的话，不假思索地跳了下去，当它"咕咚咕咚"痛饮完后，才发现自己也出不去了。于是，不得不与狐狸一起商量出去的办法。狐狸早有准备，它狡猾地说："我有一个方法，你用前脚扒在井墙上，再把角竖直了，我踩着你的后背跳上井去，再拉你上来，我们就都得救了。"公山羊同意了狐狸的提议。狐狸踩着公山羊的后脚，跳到公山羊的背上，然后再用力一跳，跳出了井口。

狐狸上去以后，便不顾公山羊独自逃走了。公山羊指责狐狸不信守诺言，狐狸回过头，对公山羊说："喂，朋友，你的头脑如果像你的胡须那样完美，你就不至于在没看清出口之前就盲目地跳下去了。"

■ 宝贝，妈妈对你说

　　故事中的公山羊虽然很善良，但是它轻易相信了坏人的话，以至于最终落入了不幸。宝贝，这个世界上有好人也有坏人，我们只能凭借自己的智慧做出正确的判断，聪明的人应该事先考虑清楚事情的结果，然后才去做。妈妈希望我的宝贝能做个聪明的人，不被坏人所欺骗，才能更好地保护自己。

孕中期…

孕 **21** 周

胎宝宝靠感觉倾听外面的世界

对话胎教 给胎宝宝良好的 **刺激**

孕21周，胎宝宝的听觉功能已经完全建立，这时他会将声音当作一种感觉，会用自己的耳朵去倾听外界的或来自"妈妈"的声音。但由于胎宝宝还没有关于这个世界的认识，此时还没有记忆声音的能力，不知道"爸爸妈妈"与他谈话的内容，只能用他的大脑来感觉，接受着母体的感情。因此，孕妈妈要特别注意自己说话的音调、语气和用词，心中只想着腹中的胎宝宝，娓娓道来，这样才能收到很好的效果，给胎宝宝一个良好的刺激。

孕期状况

〔孕妈妈〕 避免剧烈运动

虽然孕妈妈处于舒适的孕中期，但这个时期孕妈妈还是应该避免剧烈运动，尽量抽时间多休息。此外，这个时期子宫已经上移20厘米左右，压迫静脉，孕妈妈容易出现水肿或静脉曲张。

小提示

孕妈妈的身体会越来越重，差不多一个星期长0.5千克，子宫日益增高还会压迫到肺，孕妈妈可能在上楼的时候会感到呼吸有点儿困难，建议孕妈妈穿着宽松、舒适的孕妇装，并把行动节拍稍稍放慢。

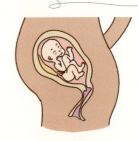

餐后柠檬水漱口，可令孕妈妈口腔保持湿润，预防口臭。

【怀孕21周】

胎宝宝状况

〔胎宝宝〕 消化器官越来越发达

此时胎宝宝的消化器官越来越发达，可以从羊水中吸取水和糖分。随着胎脂的增多，胎宝宝的身体处于滑润的状态。胎宝宝舌头上的味蕾已经形成，胎宝宝会不时地吮吸自己的拇指或摸脸蛋。

小提示

现在子宫里有很多空间来给胎宝宝移动，胎宝宝一天可以翻好多的跟头和变换位置，甚至几分钟就可以动很多次。

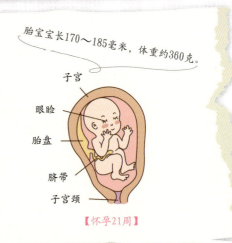

胎宝宝长170～185毫米，体重约360克。

子宫
眼睑
胎盘
脐带
子宫颈

【怀孕21周】

038 音乐欣赏

《幽默曲》 ◎安东·利奥波德·德沃夏克（捷克）

《幽默曲》创作于1894年夏天，安东·利奥波德·德沃夏克回到波希米亚维索卡庄园度假，写下了八首幽默曲，编成一部曲集。这些甜美、轻松、幽默的小曲，有如民歌一样朴实亲切，广为流传。

作者介绍

安东·利奥波德·德沃夏克，出生于捷克，早年进入布拉格音乐学校，毕业后进行音乐创作，1890年受聘布拉格音乐学院教授；在此期间他受到祖国民族复兴、发展民族文化的思潮的影响，接触了西欧古典乐派、浪漫乐派的作品；1892—1895年应邀在美国纽约音乐学院教学并任院长，回国任布拉格音乐学院院长，1904年去世；他是19世纪重要的作曲家之一，捷克民族乐派的主要代表人物；主要作品有《第九自新大陆交响曲》《大提琴协奏曲》等。

走进音乐

幽默曲又名滑稽曲，是流行于19世纪的一种富于幽默风趣或表现恬淡朴素、明朗愉快精致的器乐曲。德沃夏克的钢琴独奏曲，包括种种舞曲在内，大约有80首，但唯有这首《幽默曲》广为流传，深入人心。

■ 聆听旋律

此曲似乎更类似一首小夜曲，像民歌一样朴实、亲切，并没有任何"诙谐"的成分在内。本曲为优雅的稍缓板，降G大调，2/4拍子。以第一主题为中心构成第一段，经过转成降g小调的中段后再予以反复，为复合三段体。反复时省略一部分，因而形式更为简单。

艺术胎教

039
名画欣赏

《戴珍珠耳环的少女》 ◎约翰内斯·维米尔（荷兰）

孕妈妈在欣赏名画时，可以搭配柔和的背景音乐；同时轻轻抚摸腹中的宝贝，用温柔的语调给他讲解名画中的人物，给胎宝宝的大脑带来有效的刺激。

走进绘画

画中少女的惊鸿一瞥仿佛摄取了观画者的灵魂。约翰内斯·维米尔在这幅画中采用了全黑的背景，从而取得了相当强的三维效果。黑色的背景烘托出少女形象的魅力，使她犹如黑暗中的一盏明灯，光彩夺目。画中的少女侧着身，转头向我们凝望，双唇微微开启，仿佛要诉说什么。她闪烁的目光流露殷切之情，头稍稍向左倾侧，仿佛迷失在万千思绪之中。少女身穿一件朴实无华的棕色外衣，白色的衣领、蓝色的头巾和垂下的柠檬色头巾布形成鲜明的色彩对比。

唯美视觉

《戴珍珠耳环的少女》是荷兰黄金时代巨匠维米尔的代表作，是一幅小小的油画，比8开纸大不了多少，油彩都已经干得开裂，但就是这样一幅看似不起眼的小画，却使得许多文人墨客、游人看客在画前欲走不能，是什么在震撼他们的心灵？就是画中的主人公——一位戴珍珠耳环的少女。

这幅画另一个瞩目之处，是少女左耳佩戴的一只泪滴形珍珠耳环，在少女颈部的阴影里似隐似现，是整幅画的点睛之笔。

《戴珍珠耳环的少女》／约翰内斯·维米尔（荷兰）

040
插花欣赏

🌳 《春意盎然》

还记得之前玫瑰的香味吗？孕妈妈可以告诉胎宝宝这次插的是什么花，小小的花瓣簇成一团，散发出淡淡的清香，孕妈妈把这些小花依次序排在适合的花器中，心情随之宁静而美好。孕妈妈会微笑着对胎宝宝说"我的宝宝，你喜欢这些花吗？"

1. 先选一只适当大小的花器并加入适量的水。

2. 蕾丝和石竹梅剪至高出竹筒的位置。

3. 把蕾丝和石竹梅自然地插入竹筒内的花器中，并整理至看不见花器为佳。

艺术胎教

041
胎教故事

龟兔赛跑

有一天，兔子碰见乌龟，笑眯眯地说："乌龟，咱们来赛跑吧！"

乌龟知道兔子在拿它开玩笑，瞪着一双小眼睛，不理也不睬。

兔子知道乌龟不敢跟它赛跑，乐得摆着耳朵直蹦跳，还编了一支山歌笑话它：乌龟、乌龟爬爬，一早出门采花，乌龟、乌龟走走，傍晚还在门口。

乌龟听了很生气，说："兔子，你别得意，咱们现在就来赛跑。"

兔子一听，差点笑破了肚皮："乌龟，你真敢跟我赛跑？那好，咱们从这儿跑起，看谁先跑到山脚下的那棵大树。"预备！一、二、三，开跑！" 兔子撒开腿就跑，一会儿工夫就跑得很远了。

兔子回头一看，乌龟才爬了一小段路呢！心想：乌龟敢跟我赛跑，真是天大的笑话！我呀，在这儿睡上一大觉，让它爬到这儿，不，让它爬到前面去吧，我三蹦两跳就追上它了。于是，兔子把身子往地上一歪，合上眼皮，真的睡着了。

再说乌龟，爬得也真慢，可是它一个劲儿地爬呀、爬呀，等它爬到兔子身边时，已经累坏了。兔子还在睡觉，乌龟也想休息一会儿，可是它知道兔子跑得比它快，只有坚持爬下去才有可能赢。于是，它不停地往前爬呀爬，离大树越来越近了，只差几十步了，十几步了，几步了，终于到了！

兔子呢？它还在睡觉呢！兔子醒来后往后一看，咦？乌龟怎么不见了？再往前一看，哎呀，不得了了！乌龟已经爬到大树底下了。这下兔子可急了，急忙赶上去可已经晚了，乌龟已经赢了。

■ **宝贝，妈妈对你说**

宝贝，这是个很老很老的故事，但它说明了一个非常实用的道理："谦虚使人进步，骄傲使人落后。"宝贝，兔子虽然天生就擅长赛跑，有着先天的优势，可是它太骄傲了，过于轻视对手，导致了最终的失败。乌龟虽然天生就不擅长赛跑，可是它并没有放弃和对手的竞争，它用顽强的毅力和坚持不懈的精神，最终赢得了比赛。所以，宝贝，也许你在某些方面不如别人，但是千万不能轻言放弃，只要肯付出努力，持之以恒地坚持下去，一定可以获得成功。

042 胎教故事

草木皆兵

东晋时代，秦王符坚控制了北部中国。公元383年，符坚率领步兵、骑兵共90万人攻打江南的晋朝。晋军大将谢石、谢玄领兵8万人前去抵抗。符坚得知晋军兵力不足，就想以多胜少，抓住机会，迅速出击。

谁料，符坚25万人的先锋部队在寿春一带被晋军奇兵击败，损失惨重，大将被杀，士兵死伤万余。秦军的锐气大挫，军心动摇，士兵惊恐万状，纷纷逃跑。此时，符坚在寿春城上望见晋军队伍严整，士气高昂，再北望八公山，只见山上一草一木都像晋军的士兵一样。符坚回过头对弟弟说："这是多么强大的敌人啊！怎么能说晋军兵力不足呢？"他后悔自己过于轻敌了。

■ 宝贝，妈妈对你说

这是一个历史小故事，故事中符坚领兵作战，由于他没有理性地分析好形势，误以为山上的一草一木都是敌军的士兵，结果，被自己的恐惧心理给击败了。后来符坚率领的秦军被彻底击败，在逃亡的路上，符坚又是由于害怕，误将风吹树木的声音当成敌军的追击，再一次做出了错误的判断。亲爱的宝贝，妈妈希望你以后成为一个内心强大的人，具有良好的心理素质。想成为这样的人，就要从小事开始磨练自己，不要怕失败，慢慢你就会强大起来了。

出师不利给符坚心头蒙上了不祥的阴影，他令部队靠淝水北岸布阵，企图凭借地理优势扭转战局。这时晋军将领谢玄提出要求，要秦军稍往后退，让出一点地方，以便渡河作战。符坚暗笑晋军将领不懂作战常识，想利用晋军忙于渡河难于作战之机，给它来个突然袭击，于是欣然接受了晋军的请求。

谁知，后退的军令一下，秦军如潮水般溃不成军。在溃逃的过程中，看到八公山上草木的阴影，都以为是追兵。而晋军则趁势渡河追击，把秦军杀得丢盔弃甲，尸横遍地。最后，秦王符坚中箭而逃。

孕中期...

孕22周

音乐胎教与运动相结合

胎宝宝已经对声音有反应了，这时候孕妈妈可以反复给胎宝宝播放精心选取的胎教音乐。每天播放两次，每次15分钟。孕妈妈最好"随乐起舞"、"轻声吟唱"，做一些简单的舞蹈动作，不仅让胎宝宝听了音乐，也让他感受到"妈妈"身体的律动。

孕期状况

孕妈妈
● 容易出现贫血和眩晕

这个时期孕妈妈的血液量会大大增加，但因为需求量增加更大，因此孕妈妈在孕中期还是容易出现贫血和眩晕的症状。此时由于子宫增大，身体重心发生偏移，孕妈妈日常活动要注意安全。

小提示 怀孕期间偶尔觉得头晕是很正常的，在孕妈妈的身体努力给胎宝宝输送养分的同时，减少了脑部供血量，所以孕妈妈会时不时发生头晕现象。

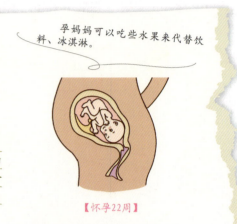

孕妈妈可以吃些水果来代替饮料、冰淇淋。

【怀孕22周】

胎宝宝状况

胎宝宝
● 胎宝宝脑部发育迅速

胎宝宝现在有了汗腺，血管仍然可见，但皮肤不像以前那样透明了。他的指甲完全形成并继续生长。如果是个男孩，睾丸开始从骨盆向下降入阴囊内。原始精子在睾丸里已经形成。

小提示 天生聪明的胎宝宝还会用脚踢子宫，使羊水发生震荡，引起大脑冲动从而促进皮肤发育。如果子宫收缩或受外力压迫，胎宝宝还会用力踢子宫壁，把这种资讯传递给孕妈妈，小家伙有很强的自我保护意识。

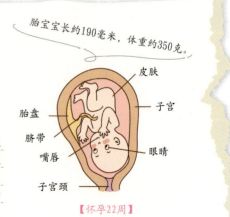

胎宝宝长约190毫米，体重约350克。

皮肤
子宫
胎盘
脐带
眼睛
嘴唇
子宫颈

【怀孕22周】

043
音乐 欣赏

《第五号匈牙利舞曲》 ◎约翰奈斯·勃拉姆斯（德国）

这是约翰奈斯·勃拉姆斯全部作品中最广为世人所知的乐曲，其粗犷而豪放的旋律具有明显的匈牙利"查尔达什舞曲"的特征，给每一位听众都留下了深刻的印象。推荐孕妈妈在早晨起床后欣赏。

作者介绍

约翰奈斯·勃拉姆斯（1833—1897年），作曲家。出生于德国汉堡的一个职业乐师的家庭里。他童年生活十分贫困，7岁随父亲学钢琴，13岁便在酒店里为舞会弹伴奏，在剧院帮助父亲演奏。早年师从科赛尔、戈赛尔、马克逊学习钢琴。一生中交游颇广，1853年在魏玛与爱德华·列梅尼、约·阿希姆结交，并被介绍给舒曼夫妇，得到赏识与支持。

走进音乐

乐曲的结构十分严谨，第一段为升f小调，具有民间舞蹈风格，速度变化上的自由体现出不同的情趣；乐曲的中段转为明快的升F大调，速度变化依然自由，单纯的旋律与和声所表现的是一种欢快的情绪；乐曲的第三段是第一段的严格再现。

■ 聆听旋律

约翰奈斯·勃拉姆斯的匈牙利舞曲是由21首"四手联弹"钢琴小曲所组成的曲集，虽然每一首乐曲的旋律和风格不尽相同，却都混合着匈牙利民族音乐和吉卜赛民族音乐的特色：节奏自由，旋律有各种各样的装饰，速度变化激烈，带有一定的即兴性；形式虽然没有统一的规定，但以三段体为最多。

艺术胎教

046
胎教故事

睡美人

从前有个国王，结婚多年一直没有孩子。国王和王后每天向上帝祷告，乞求给他们一个孩子。有一次，王后洗澡时，一只青蛙从水里爬出来，对她说："呱呱，你的愿望就要实现了，很快你就会有一个女儿。"果然，不久王后就怀孕了，生下了一个非常漂亮的女孩儿，国王高兴极了，决定举行一次盛大的宴会来庆祝。他遍请亲朋好友，还邀请了女预言家们。国内有十三个女预言家，可是，宴会上供她们吃饭的金盘子只有十二只，所以，她们中有一个人没被邀请，留在了家里。宴会快结束时，十二个女预言家纷纷送给孩子最美好的祝词，当第十一个刚说完她的祝词时，那没被邀请的女预言家走了进来，气哼哼地说："我要公主十五岁时，被一个纺锤戳伤手指，倒地死掉，这就是我的祝词。"说完，转身离去了。所有人都大吃一惊，这时，那还没说出

自己祝词的第十二个女预言家走上前来，她虽然不能取消那个凶恶的咒语，但能把它加以缓和，她说："我祝愿公主倒下去不是死掉，而是熟睡一百年。"

国王为了使心爱的女儿免遭不幸，下令把全国的纺锤都烧掉。公主渐渐长大，正如女预言家们所希望的那样，美丽、聪慧、温和。在她快满十五岁时，有一天国王、王后有事出去了，小公主一人留在宫中。她来到一座古老的钟楼旁，走上窄窄的楼梯，来到一扇小门前。她轻轻一碰，门就开了，里面坐着个老太婆，手里拿着一个纺锤，正在纺线。公主说："你好，老妈妈，你在做什么呀？"老太婆说："我在纺线。你看，挺有趣的，你愿意来试试吗？"小公主伸手接过纺锤。于是，咒语实现了，纺锤戳到了公主的手指，她立刻倒在一张床上睡着了。公主倒下的一

刹那，睡眠病便传染了整个皇宫，所有的人和动物都停止了运动，沉沉地睡去。国王和王后从外面回来，一进大厅也睡着了。

公主变成了睡美人，这件事很快传遍了全国。时常有别国的王子来，想穿过玫瑰篱笆到王宫里去。可是那玫瑰树的藤蔓就像是人的手一样，缠得紧紧的，普通人根本别想穿过去。那些王子都被玫瑰藤蔓缠住，再也脱不了身，最后悲惨地死去了。渐渐地，再也没人敢来冒险了。一百年过去了。这天，又有一个王子来到这个国家，他听说了睡美人的故事，立刻就要去看她。人们都劝他别去，告诉他已有许多王子被玫瑰篱笆缠住死去。但是王子不怕，执意要去冒险。王子来到钟楼旁，用宝剑割断了玫瑰藤蔓，他走上楼梯，打开那扇小门，一眼就看见公主躺在里面的一张床上。她仍是那样美丽、动人，王子目不转睛地看着她，情不自禁地走上前，轻轻地吻了她一下。忽然，公主睁开了眼睛，看见王子，害羞地坐了起来。王子拉着她的手，走出了小屋。这时，国王和王后醒了，宫里所有的人都醒了，大家睁大眼睛互相望着，一点儿也不知道自己已睡了一百年。一切又变得生机勃勃起来，王子与公主举行了婚礼，幸福地生活着，直到老去。

■ 宝贝，妈妈对你说

宝贝，故事中的第十三个女预言家心胸狭窄，因为一点儿小事就记恨在心，伤害了无辜的公主。而王子对公主的真爱，却使得他突破重重阻碍，最终救活了公主，过上了幸福的生活。因此，我们做人应该心胸宽广，不要像第十三个女预言家一样因为一点小事就暗中报复。而勇于克服困难的人，就像王子，也一定能够获得最终的幸福。

孕中期...
孕**23**周

抚摸胎教能安抚胎宝宝情绪

让胎宝宝感受抚摸胎教

胎宝宝受到准爸爸和孕妈妈的双手轻轻地抚摸之后，会形成良好的触觉刺激，促进大脑功能的协调发育。孕妈妈每晚睡觉前先排空膀胱，平卧床上，放松腹部，用双手由上至下，从右向左，轻轻地抚摸胎宝宝，就像在抚摸出生后的婴儿那样，每次持续5～10分钟。但应注意动作要轻柔，切忌粗暴。一旦胎宝宝出现踢蹬不安时，便立即停止刺激，以免发生意外。

孕期状况

〔孕妈妈〕 散步有助于消化

由于腹部的隆起，影响了消化系统。有些孕妈妈会因此消化不良，造成胃部有灼热感。少食多餐比每天吃2～3顿饭要好些，可减轻胃部灼热感。饭后轻松地散散步将有助于消化。

小提示

孕妈妈会经常出现腿部抽筋现象，有时甚至会因为腿或脚局部的疼痛而半夜醒来。人们普遍认为腿部抽筋是由于子宫压迫盆骨神经引起的。进行温和的运动，如散步、游泳、按摩小腿肌肉等都有助于缓解抽筋症状。

多吃粗粮、蔬菜、黑芝麻、香蕉、蜂蜜等润肠通便的食物。

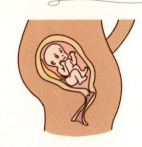

【怀孕23周】

胎宝宝状况

〔胎宝宝〕 胎宝宝听觉更加敏锐

由于胎宝宝内耳的骨头已经完全硬化，因此他的听觉更加敏锐。他能分辨出来自宫外和孕妈妈身体内部的不同声音。

小提示

超声波使用只是高频声波，其频率之高超出人耳能听到的声波范围。因此，用超声波探测胎宝宝成长与发育完全不会影响胎宝宝听力。

胎宝宝长约200毫米，体重约450克。

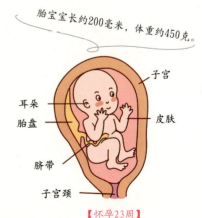

子宫
耳朵
胎盘
皮肤
脐带
子宫颈

【怀孕23周】

艺术胎教

047 唐诗欣赏

《暮江吟》 ◎白居易（唐代）

《暮江吟》是唐朝诗人白居易创作的一首七言绝句，大约是822年（长庆二年）白居易在赴杭州任刺史的途中写的。诗人在这首诗中运用了新颖巧妙的比喻，创造出和谐、宁静的意境，通过吟咏表现出内心深处的情思和对大自然的热爱之情。

艺术胎教200例

走进诗歌

《暮江吟》是白居易"杂律诗"中的一首。全诗构思妙绝之处，在于摄取了两幅幽美的自然界的画面，加以组接。一幅是夕阳西沉、晚霞映江的绚丽景象，一幅是弯月初升，露珠晶莹的朦胧夜色。两者分开看各具佳景，合起来读更显妙境，诗人又在诗句中妥帖地加入比喻的写法，使景色倍显生动。由于这首诗渗透了诗人自愿远离朝廷后，轻松愉悦的解放情绪和个性色彩，因而又使全诗成了诗人特定境遇下审美心理功能的艺术载体。

> 暮江吟
> ——白居易
>
> 一道残阳铺水中，
> 半江瑟瑟半江红。
> 可怜九月初三夜，
> 露似真珠月似弓。

147

艺术胎教

048 雕塑欣赏

《抱鹅的少年》 ○波厄多斯（希腊）

这件作品出自希腊哈尔基顿的雕刻家波厄多斯之手，原作为青铜器，留存至今的这件是罗马复制品。波厄多斯擅长于风俗题材雕塑，成为当时专门雕刻儿童形象而闻名的艺术家。

孕妈妈在欣赏这件雕塑作品时，是不是希望自己腹中的胎宝宝像雕塑中抱鹅的少年一样健康、可爱？

走进雕塑

从这个天真活泼的幼儿抱着有生命的鹅可见雕刻家对生活和人的理解，这是一组活灵活现的儿童生活雕像。

■ **作者介绍**

波厄多斯生活在公元前3世纪，正是希腊化风俗性雕塑发展的时代，几乎触及到生活的各方面，从超凡脱俗的神性，开始表达最普遍的人性。特别重视真实地塑造人物形象，注重人的内在精神表现。

《抱鹅的少年》／波厄多斯（希腊）

049
插花欣赏

《红色火焰》

胎宝宝现在看起来已经像一个缩小的婴儿了，但皮肤仍然是红红的，皱巴巴的。心灵手巧的孕妈妈在闲暇之余可以摆弄花草，把玫瑰、兰花草、金橘巧妙的搭配在一起，享受插花艺术的美好，与胎宝宝共度闲暇时光。

1. 先将兰花草的根部放入花器底部，然后顺着根部将兰花草向上旋转。
2. 再将剪好的红玫瑰依次放入兰花草围成的圆弧内。

《秋意浓浓》

1. 将玫瑰花剪至相应的长度并准备适量的金橘（其他小水果也可以）。
2. 先将玫瑰花垂直放入酒杯内，并用手扶好。
3. 再将水果依次放入花茎周围至装满为佳。

艺术胎教

050
胎教故事

狼和小羊

从前，有只狼来到小溪边，看见一只小羊在喝水。

狼非常想吃小羊，就打起了坏主意，故意找茬儿对小羊说："你把我喝的水弄脏了！你安的什么心？" 小羊吃了一惊，温和地说道："我怎么会把您喝的水弄脏呢？您站在上游，水是从您那儿流到我这儿来的，并不是从我这儿流到您那儿去的呀！"

狼气坏了，又对小羊说："就算这样吧，你总是个坏家伙！我听说，去年你在背地里说我的坏话"！可怜的小羊喊道："啊，亲爱的狼先生，那是不可能的，去年我还没有生下来呢！"

狼失去了耐心，不想再与小羊争辩了，它龇着牙，逼近小羊，大声嚷道："你这个小坏蛋！说我坏话的不是你就是你爸爸，反正都一样。"说着一下子扑过去吃掉了小羊。

■ **宝贝，妈妈对你说**

亲爱的宝贝，故事中的狼往往代表着现实生活中的坏人，坏人不仅凶残还很虚伪，他们做坏事还要找冠冕堂皇的借口，借口不成便很快露出凶残的本相。所以，宝贝在成长的过程中，要学会识别坏人的本领，不能相信他们的花言巧语，要想办法聪明地应对坏人，既能很好地保护自己，又能使坏人遭到应得的报应。

051
胎教故事

守株待兔

春秋时期，宋国有位农夫，他每天早上很早就到田里干活儿，一直到太阳下山才收拾农具回家。

有一天，农夫正在田里辛勤地耕种，突然远远跑来一只兔子，这只兔子跑得又急又快，一不小心撞在了稻田旁边的大树上，这一撞，撞断了兔子的颈部，兔子当场倒地死了。

一旁的农夫看到之后，急忙跑上前去，看到兔子已经死了，便开心地提起兔子，收拾农具回家了。农夫到家后就把兔子煮熟了，大吃了一顿。农夫一边品尝着鲜美的兔肉一边想："天底下既然有这么好的事，自己又何必每天辛苦地耕田呢？"

从此以后，农夫整天守在稻田的大树旁，希望能再等到不小心撞死的兔子。可是许多天过去了，他都没能等到撞死的兔子。而他的农田因为无人料理，长满了杂草，一天比一天荒芜。

■ 宝贝，妈妈对你说

这是一则家喻户晓的寓言故事。兔子自己撞死在树上，这是生活中的偶然现象。而故事中的那个农夫却把它误认为是经常发生的必然现象，最后落得一无所获的下场。自己不勤勤恳恳的劳动，却只想靠碰运气过日子，是不会有好结果的。我的宝贝，希望你长大后能凭借自己辛勤的劳动和智慧，过上好日子！一定不要做这种"守株待兔"式的蠢人。

孕中期…

孕24周

继续保持之前的健康生活方式

将抚摸胎教与故事胎教相结合

胎宝宝耳部结构基本发育完成，现在胎宝宝可以清楚地听到声音。胎宝宝四周的羊水并不会降低胎宝宝听到的声音强度，相反，羊水具有很好的导声性能。所以，现在开始跟胎宝宝交谈有助于建立亲子关系。

在本周，孕妈妈可以采用抚摸胎教与故事胎教相结合的方式，把抚摸胎教与故事胎教交替进行，根据条件，自由选择抚摸胎教与故事胎教的时间。

孕期状况

【孕妈妈】 胃肠运转速度减缓

随着胎宝宝的不断增大，孕妈妈的身体越来越重，手脚也会出现酸痛的状况。这段时期要多晒太阳，防止缺钙。适当的运动能帮助大脑释放有益物质，通过血液进入体内，对大脑发育极为有利。

小提示 为了减少脚部不适，孕妈妈可以改穿支撑足底的运动鞋，减少对脊柱的压力。经常锻炼，避免长时间站立。如果工作需要站立，可以增加休息次数。

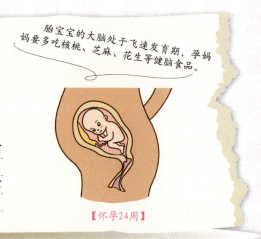

胎宝宝的大脑处于飞速发育期，孕妈妈要多吃核桃、芝麻、花生等健脑食品。

【怀孕24周】

胎宝宝状况

【胎宝宝】 胎宝宝通过鼻孔吸进呼出羊水

从这周起，棕色的脂肪会堆积在胎宝宝的颈部、胸部、背部，供出生后产生热能，目前胎宝宝不会自己控制温度，是子宫在帮他高效地控制温度。这周起，胎宝宝的成长速度呈现出个体差异，胎宝宝身体比例与新生儿越来越相似。

小提示 从今天开始，医生才认定胎宝宝是"可存活的"如果现在早产，就能够获得救生治疗。孕24周是婴儿是否可存活的分水岭，因此在整个怀孕阶段具有重大意义。正如其他母亲一样，你可能正在为过了这一关而长嘘一口气。

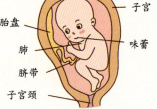

胎宝宝长约250毫米，体重约500克。

子宫
胎盘
味蕾
肺
脐带
子宫颈

【怀孕24周】

《天鹅湖》 ◎彼得·伊里奇·柴可夫斯基（俄国）

孕24周，孕妈妈多带胎宝宝散散步吧。散步时要把看到的景物描述给胎宝宝听，让他认识树木、花草、小鸟、蓝天、湖水……本周推荐孕妈妈听彼得·伊里奇·柴可夫斯基的《天鹅湖》。《天鹅湖》原为彼得·伊里奇·柴可夫斯基于1875—1876年为莫斯科帝国歌剧院所作的芭蕾舞剧，于1877年2月20日在莫斯科大剧院首演，之后作曲家将原作改编成了在音乐会上演奏的《天鹅湖》组曲。

走进音乐

彼得·伊里奇·柴可夫斯基发表天鹅湖的同时还带上了他的第一部芭蕾，其实早前还有两部作品，彼得·伊里奇·柴可夫斯基还没完成就放弃了，而这两部作品的音乐也没有流传下来。彼得·伊里奇·柴可夫斯基从1875年8月开始写作，1876年4月10日完稿。直到作曲家从自己的歌剧里面拿出了两段加进来之前，天鹅湖一直是一部全新的作品。

■ 聆听旋律

全曲中最为人们所熟悉的是第一幕结束时的音乐。这一幕是庆祝王子成年礼的盛大舞会，音乐主要由各种华丽明朗和热情奔放的舞曲组成。在第一幕结束时，夜空出现一群天鹅，这是乐曲第一次出现天鹅的主题，它充满了温柔的美和伤感，在竖琴和提琴颤音的伴随下，由双簧管和弦乐先后奏出。

艺术胎教

055 胎教故事

贪心的樵夫

一天，一个贫穷的樵夫不小心把斧头掉到水里去了，他着急地大哭起来。

哭声惊动了老神仙，老神仙拿出一把金斧头和一把银斧头，问哪一把斧头是他的。樵夫摇摇头说："我的斧头不是这样的。"最后老神仙拿出一把铁斧头，樵夫说："这把就是我丢的斧头。"老神仙见樵夫这么诚实，便把金斧头和银斧头都送给了他。

一个贪心的樵夫听说了这件事，便把准备好的铁斧头扔进水里，坐在水边放声大哭。

老神仙出现了，同样拿出一把金斧头和一把银斧头，问哪一把是他的。贪心的樵夫毫不犹豫地说："我丢的就是这两把斧头。"说着，拿着金斧头和银斧头掉头便走。

贪心的樵夫边走边做美梦，结果一不小心掉进了水里，淹死了。

■ **宝贝，妈妈对你说**

宝贝，贪心的樵夫这则故事告诫我们，如果一个人太贪心，就会损失惨重，甚至还会搭上自己的性命。而勤劳、诚实的人呢，总会过上好日子。我的宝贝，你长大后一定要做个勤劳、诚实的人，不要像贪心的樵夫一样，只想着不劳而获，事实上，天底下是不存在免费的午餐的。

056
胎教故事

■ 宝贝，妈妈对你说

　　这个故事中的商人，忽略了马蹄上缺失的一枚钉子，他认为这是"小事"，结果却使他到家的时间更加延后，还失去了自己的马。宝贝，这个故事告诉我们，一枚钉子虽小，却可以引发很大的后果，所以，妈妈希望你以后做事情，一定要注重身边的细节，因为有时候，我们忽略了小的细节，往往会因此损失更多。

马蹄上的钉子

　　从前，一个商人在集市上卖货，他的生意很红火，很快卖完了所有的货，钱箱被装得满满的。他想天黑前赶回家，便把钱箱捆在了马背上，骑着马出发了。

　　中午时分，他来到一个镇上休息了一会儿。当他想继续赶路时，马童牵出马来对他说："老爷，马后腿的蹄铁上需要加颗钉子。""由它去吧！"商人回答说，"这块蹄铁肯定能撑到走完这段路，我要急着赶路呢"！

　　下午的时候，他又停下来叫人喂马，马童对他说："老爷，马后腿上的一块蹄铁掉了，要不要我把它带到铁匠那里去呢？""由它去吧！"商人回答说，"这马一定能坚持走完剩下的路，我时间紧着呢！"

　　他骑着马继续往前走，但没多久马就开始一步一瘸的了，再过一会儿就开始跟跟跄跄，最后它终于跌倒在地，折断了腿。商人只好扔下他的马，解下钱箱扛在背上，步行回家。等赶回家时已是午夜时分，只听他嘀咕着："都是那颗该死的钉子把我给害惨了。"

艺术胎教

058
雕塑欣赏

《掷铁饼者》 ◎米隆（希腊）

这件雕塑作品名《掷铁饼者》，雕塑者米隆，创作于公元前450年。《掷铁饼者》是现存流传最广的艺术杰作之一，孕妈妈能够从作品中感觉到男子强健的肌肉以及充满平衡的动感。

走进雕塑

《掷铁饼者》取材于希腊的现实生活中的体育竞技活动，刻画的是一名强健的男子在掷铁饼过程中最具有表现力的瞬间。雕塑选择的铁饼摆回到最高点、即将抛出的一刹那，有着强烈的"引而不发"的吸引力。虽然是一件静止的雕塑，但艺术家把握住了从一种状态转换到另一种状态的关键环节，达到了使观众心理上获得"运动感"的效果，成为后世艺术创作的典范。

作者介绍

米隆生于公元前492年，米隆大概在20岁时到阿基列达斯门下学习，而艺术成熟于40岁左右。他对希腊雕塑艺术的发展起到了巨大的推动作用，是他首先赋予了雕像以生动的表现力，也是从他开始，希腊的雕塑艺术进入了一个全新的时期，并一步步走向成熟。

唯美视觉

雕刻家集中注意表现出在精神上与肉体上都是坚强有力的、美的人物。雕刻家以敏锐的观察抓住了掷铁饼者最用力的一瞬间动作，这是一个典型的瞬间。尽管在形体上是紧张的，可是整个雕像却给人以沉着平稳的感觉。

《掷铁饼者》/ 米隆（希腊）

《红豆》 ◎王维（唐代）

这是借咏物而寄相思的诗。一题为《江上赠李龟年》，可见是眷怀友人无疑。起句因物起兴，语虽单纯，却富于想象；接着以设问寄语，意味深长地寄托情思；第三句暗示珍重友谊，表面似乎嘱人相思，背面却深寓自身相思之重；最后一语双关，既切中题意，又关合情思，妙笔生花，婉曲动人。全诗情调健美高雅，怀思饱满奔放，语言朴素无华，韵律和谐柔美。可谓绝句的上乘佳品！

走进诗歌

红豆产于南方，鲜红圆润，晶莹似珊瑚，南方人常来镶嵌饰物。相传古代有位女子，因为丈夫战死边疆，而哭死于树下，化为红豆，后来人们把红豆又称为"相思子"。唐诗中经常用红豆来表示相思之情。相思既包括男女之间的情爱，也包括朋友之间的友爱，本诗就属于后者。诗中语浅情深，物轻情重。小小的红豆寄托了诗人对友人的深深眷恋与思念。

红豆
——王维

红豆生南国，
春来发几枝。
愿君多采撷，
此物最相思。

060
胎教故事

乌鸦与狐狸

从前，有一只乌鸦偷到了一块肉，它将肉衔在嘴里，得意地站在大树上。

有一只狐狸从这里经过，它看到乌鸦嘴里的肉，馋得口水直流，很想把肉弄到手。

于是，狐狸便站在大树下，开始夸奖起乌鸦来。"乌鸦呀乌鸦，你的身材是如此的魁梧，羽毛是如此的美丽，你若能发出优美的声音，那就是当之无愧的鸟类之王了！"

乌鸦听了非常高兴，它一下子忘记了衔在嘴里的肉，为了显示自己能发出优美的声音，便张嘴放声大叫，而那块肉立刻掉到了树下。

狐狸跑上去，抢到了那块肉，并嘲笑说："喂！乌鸦，你若有头脑，真的可以当鸟类之王了！"

■ 宝贝，妈妈对你说

亲爱的宝贝，这是个古老而经典的小故事。我们当然有足够的理由来谴责故事中狡猾的狐狸，但是，看似无辜的乌鸦并不值得我们同情，因为它并没有正确地认识自己，轻易地被别人的甜言蜜语所蒙蔽，而没能识别对方夸赞的真实意图。正是因为它头脑的不清醒，才使得本属于它的东西被旁人掠走。

061

胎教故事

运盐的驴子

从前有一头驴子，它为主人驮了一袋盐过河。走着走着，突然脚下一滑，跌倒在河水中，盐一遇水开始溶化了，分量也变轻了。当驴子站起来时觉得盐袋没那么重了，它很高兴。

后来，驴子为主人驮了一捆海绵过河。驴子心想，上次驮盐的时候那么重，跌入水中后便轻松了许多，这次的海绵这么轻，如果再跌入水中，站起来时也一定会更轻松。

于是，刚走了没几步，驴子便故意地摔了下去，它没想到海绵是吸水的，结果吸满了水的海绵越来越重，驴子再也站不起来，终于淹死在河里了。

■ **宝贝，妈妈对你说**

亲爱的宝贝，故事中的这头驴子自以为很聪明，但是它并没有对物态变化进行分析，同时还想投机取巧，结果反而自己害了自己。我的宝贝，我们遇到问题时，首先不能抱着投机取巧的心态，再就是要讲求方法，正确地去分析事物发展的态势。只有这样，才有可能把事情做好，才会让事态按照自己的意愿发展。

孕中期…

孕26周

让胎宝宝熟悉爸爸妈妈的歌声

歌声使胎宝宝有安全感

　　孕26周，胎宝宝的听觉神经系统已发育完全，所以，孕妈妈在本阶段最适合采用歌唱胎教法。唱歌胎教法是由孕妈妈或准爸爸给胎宝宝唱歌，这会收到更为满意的胎教效果，令胎宝宝从中得到感情上和感觉上的双重满足。此法还可使胎宝宝熟悉孕妈妈和准爸爸的歌声，增进彼此间感情的交流获得安全感。在音乐的气氛中，孕妈妈和准爸爸和胎宝宝之间会更和谐、融洽。

孕期状况

【孕妈妈】 ◆感觉肚子里有个捣蛋鬼

　　胎宝宝在孕妈妈肚子里越长越大，孕妈妈也会越来越多地感受到胎宝宝的身体和动作，胎宝宝有时像轻轻划水，有时又好像在打嗝，还有时会用力踢孕妈妈。胎宝宝的踢动还会把孕妈妈从睡梦中唤醒，很多孕妈妈都表示胎宝宝在夜晚更加活跃。

　　◆小提示 为了保证孕中期钙的吸收和体内钙的贮存，孕妈妈应每日喝两袋250毫升牛奶，多吃豆制品、鱼、虾等，此外，还要保证瘦肉、动物肝脏、蛋类、牡蛎等的摄入量，以确保胎宝宝骨骼的生长发育。

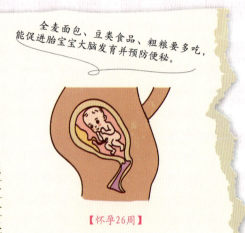

全麦面包、豆类食品、粗粮要多吃，能促进胎宝宝大脑发育并预防便秘。

【怀孕26周】

胎宝宝状况

【胎宝宝】 ◆胎宝宝已经学会呼气了

　　胎宝宝的肺仍在发育成熟中。胎宝宝的脊柱强壮了，但仍不能支撑正在生长的身体，这时如果把耳朵放在孕妈妈的腹部，就能听到胎宝宝的心跳。胎宝宝会吸气、呼气。双眼已经完全成形。当听到声音时，他的脉搏会加快。

　　◆小提示 从这周开始，有的胎宝宝会第一次睁开小眼睛。胎宝宝现在能感觉到一些光，但还没有形成与白昼、黑夜相符的规律性睡眠。

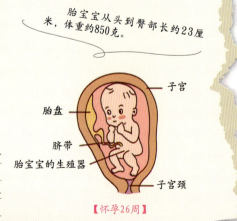

胎宝宝从头到臀部长约23厘米，体重约850克。

子宫
胎盘
脐带
胎宝宝的生殖器
子宫颈

【怀孕26周】

062 音乐欣赏

《仲夏夜之梦》

◎雅科布·路德维希·费利克斯·门德尔松·巴托尔迪

雅科布·路德维希·费利克斯·门德尔松·巴托尔迪为莎士比亚的喜剧《仲夏夜之梦》共写过两部音乐作品，一部是《仲夏夜之梦》序曲，另一部是为《仲夏夜之梦》所写的戏剧配乐，其中的序曲就选用了当年所作的序曲。这首《仲夏夜之梦》适合孕妈妈做家务时欣赏。

作者介绍

雅科布·路德维希·费利克斯·门德尔松·巴托尔迪（1809—1847年），德国犹太裔作曲家。为德国浪漫乐派最具代表性的人物之一，被誉为浪漫主义杰出的"抒情风景画大师"，作品以精美、优雅、华丽著称。

走进音乐

《仲夏夜之梦》序曲是雅科布·路德维希·费利克斯·门德尔松·巴托尔迪的代表作，它曲调明快、欢乐，是作者幸福生活、开朗情绪的写照。曲中展现了神话般的幻想、大自然的神秘色彩和诗情画意。全曲充满了一个17岁的年轻人流露出的青春活力和清新气息，又体现了同龄人难以掌握的技巧和卓越的音乐表现力，充分表现出作曲家的创作风格及独特才华，是门德尔松创作历程中的一个里程碑。

聆听旋律

序曲为很快的快板，E大调，以木管的4个长和弦把人带进梦幻世界。第一主题是轻妙、飘逸的旋律，表现妖精的嬉戏，接着表现西西亚斯公爵及宫廷的氛围。第二主题的优美的下降旋律表现情侣哈米亚与莱桑达。贝加莫舞曲出现后，由低音号模仿变成驴的官员波特姆的叫声。以第三主题为中心，配合其他旋律，变成发展部。再现部3个主题交织，终结部华丽地发展后，再回到梦幻的和弦。

艺术胎教

063 唐诗欣赏

《书事》 ◎王维（唐代）

王维的《书事》诗是一首五言绝句。此诗主要抒写个人的感受。作者从自我感受出发，描绘深院青苔的美丽可爱，表现了诗人对清幽恬静生活的陶醉之情，诗人好静的个性与深院小景浑然交融，创造了一个既宁静清幽又充满活力的意境。

走进诗歌

蒙蒙细雨刚刚停止，天色转为轻阴。雨既止，诗人便缓步走向深院。这里"阁"，同"搁"，意谓停止。用在此处别有趣味，仿佛是轻阴迫使小雨停止。淡淡两句，把读者带到一片宁静的小天地中，而诗人好静的个性和疏懒的情调也在笔墨间自然流露。三四两句变平淡为活泼，别开生面，引人入胜。诗人漫无目的在院内走着，然后又坐下来，观看深院景致。映入眼帘的是一片绿茸茸的青苔，清新可爱，充满生机。看着，看着，诗人竟产生一种幻觉：那青苔好像要从地上蹦跳起来，像天真烂漫的孩子，亲昵地依偎到自己的衣襟上来。

作者介绍

王维生于公元701年，字摩诘，汉族，祖籍山西祁县，唐朝诗人，有"诗佛"之称。开元九年（721年）中进士，任太乐丞。今存诗400余首。王维精通佛学，受禅宗影响很大。佛教有一部《维摩诘经》，是王维名和字的由来。王维诗书画都很有名，非常多才多艺，音乐也很精通。与孟浩然合称"王孟"。

书事
——王维

轻阴阁小雨，
深院昼慵开。
坐看苍苔色，
欲上人衣来。

064
妈妈 厨艺

 ## 炖豆腐

　　孕26周，一些孕妈妈会在此时患妊娠糖尿病，因此要注意监测自己血糖的变化，在日常饮食中注意食物热量的控制，少吃单糖和油腻食品，水果尽量在两餐之间食用。下面介绍的这两道食谱，都是非常适合孕中期孕妈妈经常食用的，既可以促进消化、防止便秘，又能预防妊娠糖尿病的发生。孕妈妈现在就带着美好的心情，来学习烹饪这两道美食吧！

烹饪原料

　　豆腐300克，葱段、姜丝各10克，水淀粉、酱油、花椒、盐各适量。

制作方法

　　1.将豆腐切成小块，放入油锅内炸至金黄色；葱切段，姜切丝。

　　2.锅内倒油烧热，放入葱段、姜丝炝锅，再加入酱油、盐、花椒，把豆腐倒入锅内炖20分钟，用水淀粉勾芡，出锅盛盘即可。

艺术胎教

065 胎教故事

画蛇添足

古时候，楚国有一家人，祭完祖宗之后，准备将祭祀用的一壶酒赏给下人喝。但是人多酒少，这壶酒如果大家都喝是不够的，若是只让一个人喝，就能喝个痛快。那么，这壶酒到底给谁喝呢？

这时有人建议：每个人在地上画一条蛇，谁画得又快又好，就把这壶酒给他喝。大家都认为这个办法好，于是，便纷纷在地上画起蛇来。

有个人画得很快，最先画好了，他就端起酒壶要喝酒。但是他回头看看其他人都还没有画好呢。于是他心想："他们画得可真慢。"于是，他想继续显示一下自己的本领，便左手提着酒壶，右手拿了一根树枝，给蛇画起脚来，还洋洋得意地说："你们画得好慢啊！我再给蛇画几只脚也不算晚呢！"

正在他一边画着脚，一边说话的时候，另外一个人也画好了。那个人马上把酒壶从他手里夺过去，说："你见过蛇吗？蛇是没有脚的，你为什么要给它添上脚呢？所以第一个画好蛇的人不是你，而是我了！"

那个人说罢就仰起头来，咕咚咕咚把酒喝下去了。

■ 宝贝，妈妈对你说

蛇本来没有脚，先画成蛇的人，却将蛇添了脚，结果不成为蛇。宝贝，这个故事启示我们：凡事应适可而止，如节外生枝，多此一举，反而坏事。所以，宝贝以后做什么事，只要做得恰到好处，就已经把事情处理圆满了。

066
胎教故事

公牛与野山羊

有一天，一头公牛被狮子追赶，公牛一路逃走，累得气喘吁吁，好不容易看到前方有一个山洞，便逃了进去。可是狮子却守在洞外，等着公牛出来。

洞里住着一群野山羊，但野山羊对这位避难的朋友并不友好。它们认为公牛好欺负，对公牛又踢又顶，公牛忍着痛对野山羊说："其实我并非打不过你们，我在这里忍受屈辱，并不是害怕你们，而是害怕那站在洞口的狮子。等狮子走了，我就让你们知道我公牛的厉害！"

狮子终于等不及，失望地走了。于是公牛狠狠地收拾了野山羊一顿。这回野山羊们可尝到了苦头。

■ 宝贝，妈妈对你说

公牛受到狮子追赶逃到了山洞，没想到却被野山羊欺负，公牛为了不被狮子吃掉，暂时容忍了野山羊。宝贝，这个故事说明，为了逃避大灾难，必须忍受小痛苦。俗话说："小不忍，则乱大谋。"

孕中期...

孕27周

孕妈妈的歌声可为胎宝宝提供重要的记忆印象

孕妈妈为胎宝宝哼唱歌曲

孕妈妈每天可以低声哼唱自己所喜爱的，有益于自己及胎宝宝身心健康的歌曲来感染胎宝宝。哼唱儿歌也是完全可以的。孕妈妈在哼唱时要凝思于腹内的胎宝宝，其目的是唱给胎宝宝听，使自己在抒发情感与内心寄托的同时，让胎宝宝得到美的享受。这是最简便易行的音乐胎教方式，适用于每一个孕妈妈。

孕期状况

孕妈妈 ● 腹部迅速增大

这时由于腹部迅速增大，孕妈妈容易感到疲劳，同时，脚肿、腿肿、痔疮、静脉曲张等不适症状也可能困扰着孕妈妈。注意休息、不时变换身体姿势、做舒缓的伸展运动、洗热水浴和按摩，都能帮孕妈妈缓解不适。此时家人的关心也非常重要。

小提示
为了预防下肢水肿，孕妈妈可以多吃一些鲤鱼、鲫鱼、黑豆、冬瓜等有利水作用的食品，有利于体内水分由肾排出，缓解水肿症状。

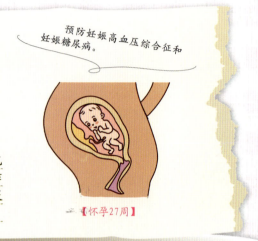

预防妊娠高血压综合征和妊娠糖尿病。

【怀孕27周】

胎宝宝状况

胎宝宝 ● 胎宝宝能感受到光线的明暗

随着皮下脂肪的增多，胎宝宝越来越胖了。现在吮吸拇指可能是胎宝宝最喜欢的运动之一。此时，胎宝宝的眼皮开始睁开，虹膜开始形成。胎宝宝似乎可以察觉出光的变化，研究显示，如果将手电筒的光照在孕妈妈的腹部，胎宝宝可移向或离开光源的方向。

小提示
对胎宝宝实施定期定时的音乐刺激，促进大脑皮层中枢的更快发展，选好曲子自己唱一句，随即凝思感受胎宝宝学唱。

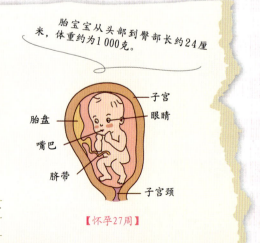

胎宝宝从头部到臀部长约24厘米，体重约为1 000克。

子宫
胎盘
眼睛
嘴巴
脐带
子宫颈

【怀孕27周】

067
音乐 欣赏

《水上音乐》 ◎乔治·弗里德里希·亨德尔（英国）

《水上音乐》是著名的英籍德国作曲家乔治·费里德里希·亨德尔所作。它以优美的旋律、轻巧的节奏而流传于世。全部组曲演奏时间长达1小时，目前已很少有人演奏它的全部，现在常常被演奏的是《G大调第一圆号组曲》。

乔治·弗里德里希·亨德尔（1685—1759年）。乔治·弗里德里希·亨德尔出生于德国哈勒城的一个小市民家庭，是著名的英籍德国作曲家。乔治·费里德里希·亨德尔少年时期曾跟随当地风琴师、作曲家学习音乐，后来担任了哈勒礼拜堂的风琴师，并开始创作。1703年，乔治·弗里德里希·亨德尔迁居汉堡，并担任了汉堡歌剧院的提琴师。1705年，他的歌剧作品《阿尔米拉》和《尼罗》在汉堡歌剧院上演并获得成功。1706年至1710年，乔治·弗里德里希·亨德尔在当时世界歌剧中心意大利四处游历，广泛接触了意大利的音乐文化，开阔了艺术眼界。乔治·弗里德里希·亨德尔从30年代开始创作清唱剧，他的清唱剧使用英文歌词，是一种为英国观众而写的新型作品，经过了十多年时间，才受到普遍欢迎，乔治·弗里德里希·亨德尔在英国也获得了极高的声誉。

走进音乐

音乐中碧波荡漾的泰晤士河呈现在眼前，朴实优美，又富有韵味。音乐虚实结合，意境幽远，明快的节奏和清晰的旋律线条，具有豪爽自信的气质，而中间部分则柔美抒情。在曲目的最后，又给人一种坦然自若，逍遥自在的感觉。

聆听旋律

这首巴洛克风格的乐曲特别适合孕妈妈在疲劳时听，它能使孕妈妈尽快消除疲乏，充分体验轻松柔美的音乐境界。

068 名画欣赏

《鸢尾花》 ◎文森特·威廉·梵高（荷兰）

《鸢尾花》是著名的荷兰画家文森特·威廉·梵高的作品之一，是他去世的前一年在法国圣雷米的一间精神病院所画的，目前收藏在美国加州保罗盖兹美术馆内。1988年11月11日，《鸢尾花》以5 300万美元的天价卖出，震惊了世界。

走进绘画

这是一幅很美的作品，文森特·威廉·梵高似乎也如同喜欢向日葵一样喜欢画这种植物，画面中灿烂的蓝紫色鸢尾花十分突出，它的花形恰似一群翩翩起舞的蝴蝶；作者巧妙地将它那郁郁葱葱的粉绿色叶子做了低调的处理，与远处的花草一同衬托出了鸢尾花的生动与灵性；再有地上红赤泥土的陪衬打破了画面冷色的调子，使得色彩对比强烈且和谐，并富有律动，色调也极其明亮，整幅画面富有活力，洋溢着清新的气息。

唯美视觉

文森特·威廉·梵高画的《鸢尾花》，她首先是自然美，然后才是艺术之美。无论孕妈妈是否读懂了作品的美妙之处，这些都不重要，重要的是让自己静下心来试着去欣赏和阅读，长此以往，孕妈妈的灵魂就会受到艺术的熏陶和净化。

《鸢尾花》/文森特·威廉·梵高（荷兰）

069
插花 欣赏

《马蹄莲》

孕妈妈可以一边播放清新的音乐，一边学着制作花艺。尤其是当孕妈妈感到心情烦躁时，给自己营造一个美好的环境十分重要。暂时忘掉那些不愉快吧！亲手插出唯美的小花，让身边的人和胎宝宝都感染到这份艺术魅力吧！

1. 先放入两枝最长的马蹄莲。
2. 再将一枝短一些的马蹄莲顺瓶口轻轻插入花头至瓶口处。
3. 插入兰花草并加以调整使其起到固定三枝主花的作用。

070 胎教故事

叶公好龙

春秋时期，楚国有一个叫叶公的人。叶公经常对别人说："我特别喜欢龙，龙多么神气、多么吉祥啊！"于是当他家装修房子的时候，他就让工匠们在房梁上、柱子上、门窗上、墙壁上到处都雕刻上龙，家里就像龙宫一样，就连叶公自己的衣服上也绣上了龙的图案。

叶公喜欢龙的消息传到了天宫中真龙的耳朵里，真龙想："没想到人间还有一个这样喜欢我的人呢！我得下去看看他。"有一天，龙从天上降下来，来到了叶公的家里。龙把大大的头伸进叶公家的窗户，长长的尾巴拖在地上。叶公听到有声音，就走出卧室来看，这一看可不得了，一只真龙正在那里瞪着自己，叶公顿时吓得脸色苍白，浑身发抖，大叫一声逃走了。

■ **宝贝，妈妈对你说**

叶公虽然表面上喜爱龙，但当龙真的出现在他面前时，他却吓得魂不附体。这个故事，用很生动的比喻，辛辣地讽刺了社会上存在的"叶公式"的人物。比喻表面上爱好某种事物，实际上并不真爱好，表里不一，言不由衷。宝贝，我们的任何喜好，都应该发自内心，用心钻研，只有这样我们才能在某个领域越来越出色；如果只做表面文章，那么在遇到困难时就会被吓倒，很难获得成功。

071

胎教故事

刻舟求剑

有一个楚国人出门远行。他在乘船过江的时候，一不小心，把随身带着的剑掉到江中去了。船上的人都大叫："剑掉进水里了！"

这个楚国人并不慌张，他拿出一把小刀在船舷上刻了个记号，然后回头对大家说："这是我的剑掉下去的地方。"

众人疑惑不解地望着那个刀刻的印记。有人催促他说："你刻这个记号有什么用？快下水去找剑呀！"楚国人说："慌什么，我有记号呢。"

船继续前行，又有人催他说："再不下去找剑，这船越走越远，当心找不回来了。"

楚国人依旧自信地说："不用急，不用急，记号刻在那儿呢。"

直至船行驶到岸边停下后，这个楚国人才顺着他刻有记号的地方下水去找剑。可是，他怎么能找得到呢？掉进江里的剑是不会随着船行走的，而船和船舷上的记号却在不停地前进。等船行至岸边，船舷上的记号与水中剑的位置早已风马牛不相及了。这个楚国人用上述办法去找他的剑，不是太糊涂了吗？

这个楚国人在岸边船下的江水中，白费了好大一阵工夫，结果毫无所获，还招来了众人的讥笑。

■ 宝贝，妈妈对你说

宝贝，这个世界上的事物，总是不断发展变化的。我们想问题、办事情都应该考虑到这种变化。故事中的人将剑落入水中，可是他却固执地认为，只要记住剑落水时船的深度，就能找到剑。但是，船不断前行，要想找到剑，必须回到剑落水时的位置，而与船的深度没有任何关系。所以，我们在解决问题时，一定要分析事情发展变化的方向，才能找到正确的答案。

孕中期...

孕28周

接受过音乐胎教的孩子有良好的音乐感

根据胎宝宝性格选择胎教音乐

每一个孩子先天性格不同，选择胎教音乐时也不能生搬硬套，一切要以有利于胎宝宝身心发展为原则。对于胎动频繁、个性急躁的胎宝宝来说，可多选择轻柔舒缓的乐曲，如小夜曲，以平和胎宝宝的性情；对于胎动较弱、个性缓慢的胎宝宝来说，要多选择活泼跳跃的乐曲，如圆舞曲、协奏曲，以平衡胎宝宝的性格发育。

孕期状况

【孕妈妈】 会有轻微水肿

孕中期不仅腹部增大，手臂、腿、脚踝等部位也容易肿胀发麻，容易感到疲劳。夜间出现轻微的水肿是非常正常的，所以不用担心。但如果早晨醒来脸部严重肿胀，或水肿一整天不消退，就有可能患了妊娠高血压综合征，建议及时到医院做检查。

孕妈妈消化不良或便秘，可以喝些酸奶，补充益生菌。

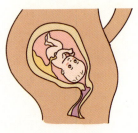

【怀孕28周】

小提示 孕妈妈要控制体重，参加适当的运动，多吃粗纤维食物。芹菜、海带、海参等有辅助降压的作用。每日要进餐5次以上，少吃盐，水果一天1~2个，注意补充钙质，还要补血、补铁。

胎宝宝状况

【胎宝宝】 胎宝宝的生殖器官继续发育

胎宝宝正在以最快的速度生长发育。胎宝宝现在的主要任务是增加体重。此时男孩儿的睾丸开始下降进入阴囊。女孩儿的阴唇仍很小，还不能覆盖阴蒂，在孕期最后几周两侧的阴唇将逐渐靠拢。

胎宝宝从头到臀部长约25厘米，体重约1 100克。

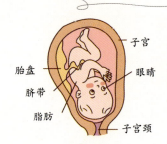

子宫
胎盘　　　　眼睛
脐带
脂肪
　　　　子宫颈

【怀孕28周】

小提示 这周对于胎宝宝的成长具有标志性意义，如果宝宝现在出生，尽管还需要输氧，但成活率较之前要高得多。现阶段胎宝宝发育更多的是肝脏和大脑。

072 音乐欣赏

《卡门序曲》 ◎乔治·比才（法国）

《卡门序曲》是首管弦乐曲。法国作曲家乔治·比才于1874年创作的歌剧《卡门》中的前奏曲，是该歌剧中最著名的器乐段落，常单独演奏。这首序曲非常适合孕妈妈在孕晚期聆听，可以安抚情绪，促进胎宝宝发育。

作者介绍

乔治·比才（1838—1875年），法国作曲家，生于巴黎，世界上演率最高的歌剧《卡门》的作者。九岁起即入巴黎音乐学院学习作曲。后到罗马进修三年。1863年写成第一部歌剧《采珍珠者》。1870年新婚不久参加国民自卫军，后终生在塞纳河畔的布基伐尔从事写作。在音乐中他把鲜明的民族色彩，富有表现力的描绘生活冲突的交响发展，以及法国的喜歌剧传统的表现手法熔于一炉，创造了十九世纪法国歌剧的最高成就。其他作品还有歌剧《采珍珠者》、《唐普罗科皮奥》

走进音乐

歌剧《卡门》是在创作艺术上登峰造极的作品，是世界上上演率最高的剧目之一。《卡门》全剧共分四幕。歌剧的音乐始终紧密配合着舞台动作，全剧没有静止的音乐场景。剧中进行曲、咏叹调、舞曲等交替出现，所有这些音乐又都通过严谨的戏剧逻辑给合为一体，紧凑而简练。全剧以其独特的力量造成了强烈的戏剧性，表现了扣人心弦的真实生活，成为雅俗共赏、生命力持久的一部歌剧。

■ 聆听旋律

一般的歌剧序曲都是用交响方式缩写或提示歌剧内容，这首序曲结构简单，仅仅描写了欢乐气氛和剧中次要人物斗牛士的英勇形象。

073 胎教知识

🌳《认识数字》

　　孕28周，孕妈妈就可以教胎宝宝认识数字了。在教胎宝宝认识数字时，孕妈妈要集中精力，全神贯注，一边大声读出数字，一边用手沿着数字的轮廓反复描画。每天抽空定时练习，就会有助于培养胎宝宝的识字能力。

教胎宝宝认识数字1和2

　　孕妈妈从这周开始可以增加数学知识的胎教内容了，比如教胎宝宝学数字、学图形等。每天不要学太多，一次学习两个数字就可以了，在一两周内反复学习这两个数字，强化印象，另外学习时要将数字视觉化，也就是结合实物来进行学习。如教"1"这个数字时，可以说"1像铅笔细又长"等，让"1"这个数字变得具体又形象；在教"2"这个数字时，可以说"2像小鸭水中游"；说的时候还可以做出小鸭游水的动作来强化对实物的认识。

🌳 **《算数与识字》**

　　孕妈妈快步入孕晚期了，胎宝宝的大脑也在迅速发育。这个时期你可以教胎宝宝学习更多的知识，让他熟悉更多的事物。这种胎教可以融入到日常生活中，只要你愿意，你可以随时向他描述你所看到的和想到的。

教胎宝宝简单的算术题

　　孕妈妈可以教胎宝宝做几道简单的算术题来进行数学胎教，如1+1=2之类的。孕妈妈可以借助实物来加深胎宝宝的印象，比如孕妈妈可以找两个苹果，在说1时就拿一个出来，然后再拿一个出来放在第一个的旁边，告诉胎宝宝1个苹果加1个苹果就等于两个苹果。

教胎宝宝认识汉字

　　孕妈妈两眼平视卡片上的文字，一边念，一边用手沿着字的轮廓反复描画，并告诉胎宝宝这个字的意思。

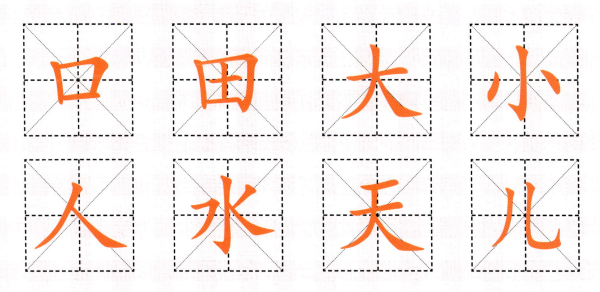

艺术胎教

075
胎教故事

孔融让梨

古时候，有一个小孩儿名字叫孔融。他家有六个兄弟，他排行第六。因为他性情活泼、随和，大家都喜欢他。虽然家里兄弟多，但爸爸妈妈对他们每个人的要求都很严格，从不偏袒。

在孔融四岁那年，有一天，爸爸的一个学生来看老师和师母，并带来了一大堆梨。客人让孔融把梨分给大家吃，在爸爸点头同意后，小孔融站起来给大家分梨。他先拿个最大的梨给客人，然后挑两个较大的给爸爸、妈妈；再依次把大的一个一个分给了哥哥们；最后，他才在一大堆梨中拿了一个最小的给自己。客人问小孔融为什么捡一个最小的给自己呢？孔融回答："我年纪最小，当然应该吃最小的。"客人听了孔融的回答直夸奖他，爸爸也满意地点了点头。

■ 宝贝，妈妈对你说

《孔融让梨》这个故事在中国可谓是家喻户晓。"爸爸妈妈"小时候都听过这个故事。中国自古以来就崇尚尊敬长辈、谦恭礼让，这也是我们祖先流传下来的优良品格。宝贝，从小做一个懂得礼让的人，将来与别人交往时，也会给你带来很大的益处。

076
胎教故事

司马光砸缸

司马光是北宋时最有名望的大臣之一，他是陕州夏县（今山西夏县）人。他的名声从幼小的时候就已经传开了。

据说司马光七岁那年，就开始专心读书，不论是大伏暑天还是数九寒冬，他总是捧着书不放，有时候连吃饭喝水都忘了。

他不但读书用功，而且很机灵。有一次，他跟小伙伴们在院子里玩耍。院子里有一口大水缸，有个小孩爬到缸沿上，一不小心，掉到缸里。缸大水深，眼看那孩子快要没命了，别的孩子们一见出了事，吓得一面哭喊，一面往外跑，找大人来救。司马光不慌不忙，顺手从地上拾起一块大石块，使尽全身力气朝水缸砸去。"砰"的一声，水缸破了，缸里的水流了出来，被淹在水里的小孩便得救了。

■ 宝贝，妈妈对你说

宝贝，读完这个故事，你是不是觉得司马光这孩子真聪明？可是，他到底聪明在哪里呢？仔细分析一下，其实司马光只不过是换了个角度思考问题，常人只想到脱离危险的方法是让人离开水，而司马光想到的是让水离开人，司马光打破了常规思考问题的方式，就叫多维思考。宝贝，你在遇到难题时，如果从正面思考得不出答案，那么就换一种角度去解决这个难题吧！

孕晚期...

孕 **29** 周

首先打动自己，才能打动胎宝宝

用变化的音调给胎宝宝讲故事

本周孕妈妈可配合舒缓的背景音乐给胎宝宝讲故事，讲故事时，孕妈妈应把腹内的胎宝宝当成一个大孩子，娓娓动听地对他述说。还可结合实际生活中出现的各种事情，不断扩大对话的内容和对话的范围。

孕期状况

【孕妈妈】宫底高度逐渐增加

一般情况下，孕妈妈每天会有规律地出现4~5次的子宫收缩，这时最好暂时休息。为了顺利分娩，子宫颈排出的分泌物开始增多。为了预防外阴瘙痒，孕妈妈要经常换洗内裤，保持清洁。

小提示 本周要注意的首要问题就是胎位。孕晚期胎宝宝的正常胎位应该是头部朝下臀部朝上。如果在30孕周后仍胎位不正，就要在医生指导下进行自我矫正。

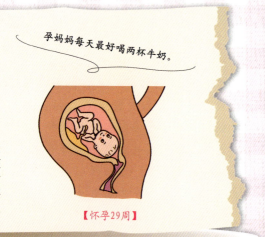

孕妈妈每天最好喝两杯牛奶。

【怀孕29周】

胎宝宝状况

【胎宝宝】现在可以探测到一些脑电活动

此时胎宝宝能完全睁开眼睛，而且能看到子宫外的亮光，所以用手电筒照射时，胎宝宝的头会随着光线移动。这时期的胎宝宝对光线、声音、味道和气味更加敏感，能区别出日光和灯光。

小提示 胎宝宝可以很容易地把脚放到头顶上然后拿下来，有的时候会踢到孕妈妈，但这并不意味着相对的一方就是头，因为他的姿势可能是蜷缩的。

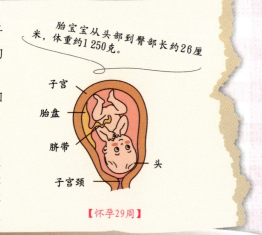

胎宝宝从头部到臀部长约26厘米，体重约1 250克。

子宫
胎盘
脐带
子宫颈
头

【怀孕29周】

001 音乐欣赏

《少女的祈祷》 ◎特克拉·巴达捷夫斯卡—巴拉诺夫斯卡（波兰）

《少女的祈祷》作者为波兰女钢琴家特克拉·巴达捷夫斯卡—巴拉诺夫斯卡（1838—1861年），本曲作于1856年，是举世皆知的钢琴小品。虽略带伤感，但又异常柔美，逼真地表现了一个纯洁少女的美好心愿。孕妈妈听后一定想起自己在少女时期的一些往事。

走进音乐

整首曲子听起来似乎是以一个同样的旋律在不断重复着，但细听后发现又不是一成不变的音高。曲中跌宕起伏的音高带来了不同的感情色彩和不一样的意境体验。只有在反复聆听和不断揣摩中才能更好地理解这首曲子所表现出来的感情，并掌握领会弹奏的要点和作者所要表达的情感及它细致微妙的变化。

■ 聆听旋律

在乐曲结构上，它以抒情的方式描绘出音乐本身所代表的意境的美好。前四小节的降E大调音阶简短而明朗，宛如教堂的钟声响起，令人眼前一亮，勾画出一座高大庄严的教堂形象。紧接着的两个琶音为引子后便呈现出乐曲主题的五个变奏，温婉幽丽，色彩分明，时而欢快时而感伤，仿佛预示着少女在祈祷时内心丰富的感情变化。

185

002 名画欣赏

《阿尔夜间的露天咖啡座》 ○文森特·威廉·梵高（荷兰）

《夜间的露天咖啡座》是在1888年阿尔完成的。《夜间的露天咖啡座》这幅画对天空上的星星采用了新的透视手法。孕妈妈仔细观察这幅画，一定会获得内心安详与宁静。

走进绘画

围绕星星的光晕刚刚消失。亮丽的黄色的墙吸引了我们对这幅画的视线。这幅画右边的暗色都市风景的侧影(与亮丽黄色墙的反差)反而达成了一种平衡。

就画面的直觉而言，露天咖啡座是由橘色、黄色表现的，蓝色的夜空深邃无际，繁星点点，显出夜的静谧与安详。蓝色的冷调子与咖啡座的橘、黄暖色形成对比，使夜晚街道上的露天咖啡厅在冷落中显出一片温馨，并与蓝色星空相映而充满浪漫主义情调。虽然画家仍然用的是粗犷的短笔触，但却显得安静有序，充满诗意。它反映了病态中的画家对宁静、安详的追求与渴望。

■ 创作背景

文森特·威廉·梵高曾用两个通宵画了一幅咖啡馆室内的作品，《阿尔夜间的露天咖啡座》是同期的作品。他时常觉得夜间比白天更充满了生机蓬勃的色彩，所以几度跑到户外去画星星。画中，在煤气灯照耀下的橘黄色的天蓬，与深蓝色的星空形成同形逆向的对比，好像在暗示着希望与悔恨、幻想与豪放的复杂心态。

《阿尔夜间的露天咖啡座》／文森特·威廉·梵高（荷兰）

003 诗词欣赏

《念奴娇·赤壁怀古》 ◎苏轼（宋代）

孕妈妈在本周可以继续学习中国传统诗词。这首《念奴娇·赤壁怀古》是苏轼的词，作于1082年（神宗元丰五年），抒发了词人对昔日英雄人物的无限怀念和敬仰之情，以及词人对自己坎坷人生的感慨之情。

走进诗歌

长江朝东流去，千百年来，所有才华横溢的英雄豪杰，都被长江滚滚的波浪冲洗掉了。那旧营垒的西边，人们说那是三国时周郎大破曹兵的赤壁。陡峭不平的石壁插入天空，惊人的巨浪拍打着江岸，卷起千堆雪似的层层浪花。祖国的大好河山啊，那时有多少英雄豪杰！

遥想当年周公瑾，小乔刚嫁过来，他的姿态多么的雄峻：手里拿着羽毛扇，头上戴着青丝帛的头巾。谈笑间，曹操的无数战船在浓烟烈火中烧成灰烬。神游于三国战场，该笑我太多愁善感了，以致过早地生出白发。人生就像做了一场大梦，还是把一杯酒献给江上的明月，和我同饮共醉吧！

念奴娇·赤壁怀古

——苏轼

大江东去，浪淘尽，千古风流人物。故垒西边，人道是，三国周郎赤壁。乱石穿空，惊涛拍岸，卷起千堆雪。江山如画，一时多少豪杰。

遥想公瑾当年，小乔初嫁了，雄姿英发。羽扇纶巾，谈笑间，樯橹灰飞烟灭。故国神游，多情应笑我，早生华发。人生如梦，一樽还酹江月。

艺术胎教

004 胎教故事

老苏坦

农民养了一条叫苏坦的狗，它已经很老了，老得牙都掉光了。农民嫌它太老了，要杀掉它。这让老苏坦非常难过，它跑到森林里找到好朋友——狼，希望它能帮助自己。狼说："我有办法让你的主人重新器重你！"狼给老苏坦出了一条计策。

第二天，农民夫妇去田里干活，狼把放在田头的小孩叼走了，老苏坦追过去，把狼撵走了，救了小孩。农民很高兴，他的妻子更是感激老苏坦，还替没牙的它煮粥吃。从此，老苏坦过上了幸福的日子。

过了一阵子，狼来看望老苏坦，对它说："夜里我来偷羊，你装作没看见！"老苏坦说："偷羊是坏事，我不能答应。"狼以为老苏坦说着玩，没在意。夜里，狼真的来偷羊了，老苏坦叫醒了主人，害得狼被主人打了一顿。

第二天，狼叫上了老苏坦到森林律师——野猪那里去评理。经过野猪的调解，狼向老苏坦承认了自己的错误。狼觉得自己做得不对，不应该让朋友帮助自己偷羊。它们又成了好朋友，老苏坦一直为农民工作到死。

■ 宝贝，妈妈对你说

故事中，老苏坦知道主人并不想给它养老，于是它用智慧挽回了自己的性命。即便老苏坦明知主人之前有杀它之意，但当狼请老苏坦帮助他偷羊时，老苏坦却断然拒绝了。后来主人知道了真相，非常欣赏老苏坦的忠实，便决定一直养它到死。所以，宝贝，这个故事告诉我们：一个忠于自己职责的人是多么的可敬！

005

胎教故事

有本领的猎人

有一个年轻的小伙子，在猎人那儿学艺好几年。分别时，猎人送给他一只百发百中的猎枪。

一天夜里，小伙子看见不远处有火光，便提着枪走过去看个究竟。原来，是三个巨人在烤一头公牛，每当他们要把肉送进嘴里的时候，猎人就将它打飞。一连三次，都是这样。三个巨人齐声赞道："真是一个好枪手。"小伙子看巨人没有恶意就走了出来，并答应巨人和他们住在一起。

一天，几个巨人在一起探讨着森林王宫里有位美丽的公主，想把她抢来做新娘，可公主门外有一只非常凶猛的狗，巨人们对付不了他，他们决定让小伙子先进去将狗打死之后，他们再去抢公主。小伙子走进王宫，打死了狗。他走进公主的卧房，看见美丽的公主正在睡觉，他想："为什么要将无辜的公主交给巨人呢？"他取走了公主的一只拖鞋、半条围巾和写有国王名字的宝剑，来到大门口杀死了三个巨人。

公主醒来后发现三个巨人被杀了很高兴，国王也要重赏这位勇士，可是没有人知道是谁干的。一个独眼的上校谎称是自己干的，国王要将公主嫁给他，可是公主怎么也不肯将自己嫁给这个狡猾的人。国王生气了，将公主贬为平民，赶出宫去。国王在森林里造了一间小木房子，命令公主每天在这里烧饭给人吃，不能收钱。

小伙子听说饭庄不收钱，便带着国王的宝剑来到小木房子前，公主一眼就认出了父亲的宝剑，小伙子告诉了公主整件事情的经过，还拿出了公主的一只拖鞋和半条围巾。

公主看着眼前这个英俊勇敢的小伙子，高兴极了。她带着小伙子去见国王，国王立即为他们举行了盛大的婚礼。婚宴上，国王处罚了那个冒领他人功劳的上校。小伙子与公主结婚后，接来了父母。后来国王去世了，勇敢的小伙子继承了王位。

■ 宝贝，妈妈对你说

宝贝，做了好事而不求回报，这是一种高尚的品德。这样做的结果往往是得到更多的回报。所以，我的宝贝，我们做好事不是为了求得回报，带着这样的心情去做好事，不仅得到帮助的人会很幸福，你也会感到很幸福。

009 胎教故事

爱学人的猴子

在茂密的大森林里，住着一群聪明、活泼的猴子。这些猴子特别爱玩耍，尤其爱模仿人的样子。

一天早上，一群猴子正在玩耍。突然，它们看见猎人正在往地上铺一张很大的网，并站在网上做一些猴子们看起来稀奇古怪的动作。之后，猎人似乎心满意足地走开了，其实他是躺在一棵大树后偷看猴子们的动静。

猴子们看见猎人走了，立刻跑向大网，争着在上面玩起来。它们学着猎人的样子，翻跟头、打滚儿。但没过多久，它们的手就被网勒得紧紧的，拔不出来了。这时候，猎人大模大样地从大树后面走出来，他拿出了一个特别大的口袋，把惊慌失措的猴子们一个个抓起来，装了进去。

■ 宝贝，妈妈对你说

首先，模仿别人的动作就是不礼貌的行为；另外，猴子还因为模仿猎人的动作而自食其果。所以宝贝，我们从小就要做一个有礼貌的好孩子，懂得尊重别人，才能得到别人对你的尊重。否则就会像故事中的猴子一样，最终使自己陷入困境。

猿猴和两个人

从前有两个人，一个总爱说真话，一个却只说谎话。有一次，他们偶然来到猿猴国，一只自称是国王的猿猴穿上了人类的衣服问他们："你们说说看，我是怎样的国王？"说谎的人说："您是一个最有权力的国王。"国王听了，高兴地重赏了他。

这时，猿猴国王转过身来问爱说真话的人，他答道："您是一只最优秀的猿猴。"猿猴国王听了以后，恼羞成怒，将说真话的人扔给手下的猿猴处置了。

■ **宝贝，妈妈对你说**

宝贝，这个故事是说，许多人宁愿相信献媚的假话，也不爱听道出实质的真话。这样的人十分虚伪，往往有着很强的虚荣心。宝贝，希望你将来不要做这样的人，要做那种真正值得人尊重和敬佩的人。

孕晚期...

孕**31**周

多听音乐促进胎宝宝发育

音乐能让胎宝宝感到安心

　　在接下来的两周，羊水的数量会达到最大值，然后就会慢慢减少。当孕妈妈听音乐的时候，会发现胎宝宝特别的活跃。所以孕妈妈可以给胎宝宝多听一些音乐来促进他大脑的发育。音乐在对胎宝宝形成安全的条件反射之后，可使宝宝在出生之后通过音乐来改善其对环境的不适应。

孕期状况

【孕妈妈】 ● 有的会出现腰痛

　　这时支撑腰部的韧带和肌肉会松弛，所以孕妈妈会感到腰痛。孕妈妈打喷嚏或放声大笑时，会不知不觉出现尿失禁的现象，这是由于增大的子宫压迫膀胱而引起的，不用太担心。

● **小提示**

　　孕晚期孕妈妈的腹部不断增大，孕妈妈可能感觉自己体力不支，可适当休息下，闭上眼睛养养神或是把脚抬高一点。给自己准备一个日记本记下要做的事情，一个一个来不要遗忘，让自己孕晚期的工作完成得依旧完美。

　　孕妈妈饮食应以粗粮、水果、蔬菜为主，以便获得足够的膳食纤维。

【怀孕31周】

胎宝宝状况

【胎宝宝】 ● 肺和消化器官的完全形成

　　胎宝宝31周大了，此时胎宝宝的生长速度全面减慢，子宫空间变窄，羊水量逐渐减少。胎宝宝脑的发育正在进行最后冲刺，肺是发育成熟最晚的器官。

● **小提示**

　　胎宝宝在子宫里的活动可以帮助胎宝宝改善协调能力，增强骨骼发展，并且增加肌肉，因而这些活动显得非常重要，胎动类似于我的体育锻炼，胎宝宝胎动的同时也只是对自身的锻炼。

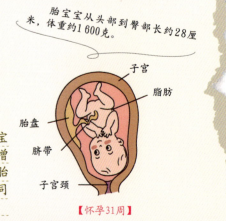

胎宝宝从头部到臀部长约28厘米，体重约1 600克。

子宫

脂肪

胎盘

脐带

子宫颈

【怀孕31周】

艺术胎教

011 音乐欣赏

🌳 **《致爱丽丝》** ◎路德维希·凡·贝多芬（德国）

《致爱丽丝》是路德维希·凡·贝多芬创作的一首钢琴小品。人们都比较熟悉他的交响曲、协奏曲、室内乐和歌剧等大型作品，但是，他的为数不多的器乐小品，也同样给人留下了深刻的印象。钢琴小品《致爱丽丝》就是其中比较著名的一首。这首乐曲适合孕妈妈在怀孕中、晚期欣赏，流畅、跳动的音符可以促进胎宝宝脑部神经网络迅速联结。

走进音乐

关于这首乐曲的创作背景有许多种说法。其中受到广泛认可的观点则认为这首乐曲可能是作者40岁时为他的学生伊丽莎白·罗克尔所作。伊丽莎白·罗克尔是德国的女高音歌唱家，也是男高音歌唱家约瑟夫·奥古斯特·罗克尔的妹妹。1807年，14岁的伊丽莎白跟随哥哥来到维也纳，很快就被路德维希·凡·贝多芬所接纳，成为他身边为数不多的朋友之一。路德维希·凡·贝多芬在创作这首乐曲时，两人保持着亲密的友谊，显然这首曲子是献给她的。

■ **聆听旋律**

乐曲以回旋曲式写成，环绕基本主题，有两个对比性的插段，第一插段建立在新的调性上，色调明朗，表现了欢乐的情绪；第二插段在左手固定低音衬托下，色彩暗淡，节奏性强，音乐显得严肃而坚定。

艺术胎教

012 名画欣赏

《泉》◎让·奥古斯特·多米尼克·安格尔（法国）

孕妈妈个人的修养以及性情，对胎宝宝的影响是非常大的。如何提升自己的文化修养和生活情趣，孕妈妈不妨和胎宝宝一起来欣赏世界名画吧！《泉》是让·奥古斯特·多米尼克·安格尔最著名的画作之一。大概从1830年让·奥古斯特·多米尼克·安格尔在意大利佛罗伦萨逗留期间就开始酝酿，但一直没有完稿。26年后，当他已是76岁高龄时才画完此画。

走进绘画

《泉》通过一个抱罐倒水的裸体少女形象，表现了画家终身追求的古典美。这幅作品的动人之处，还在于它匠心独具地表现了少女的纯洁，在画面上创造出了一种恬静、思雅和抒情诗般的意境。

实际上，画中少女上肢的姿态并不符合人体的动态规律。让·奥古斯特·多米尼克·安格尔为了使少女的动态看起来更美，为她编造了这样一个不可能存在的动作。这幅作品对于水的表现非常神奇。从水瓶中倾泻而出的泉水是宁静的画面上最具动态的因素。但经过画家的巧妙处理，飞泻的清泉非但没有打破画面的宁静感，还使之平添了一种流动的韵律。

■ 相关链接

当《泉》完成之后，画家对人说："同时出现了五个买主，有人简直向我猛扑过来。他们争执不休，我几乎要让他们抓阄。"《泉》确实具有人们所向往的那种"纯粹的美"的品质，尽管她是画家深藏心底历半个世纪的理想化身，一旦付诸画布上，人们便为这位艺术家的镂月裁云之作发出由衷的赞叹。

《泉》/ 让·奥古斯特·多米尼克·安格尔（法国）

艺术胎教

013
妈妈厨艺

 香蕉薯泥

现在已经怀孕31周了，孕妈妈真的很不容易，身体越来越沉重，而且一不小心就会受到便秘的困扰。多喝水是明智的选择，清晨空腹喝一杯温开水效果更好。如果孕妈妈便秘很严重，千万别因此影响了心情，这样对胎宝宝也不好。下面我们就来烹饪一道可以缓解便秘的菜肴吧，请相信，便秘不会一直跟随着孕妈妈，一旦排便通畅，身体和心情都会轻松很多，一起加油吧！

烹饪原料

香蕉150克，地瓜150克，玉米粒50克，蜂蜜1小匙。

制作方法

1. 香蕉去皮，用汤匙捣碎；地瓜洗净，去皮，放入电锅中蒸至熟软，取出压成泥状，放凉备用。

2. 将香蕉泥、地瓜泥与玉米粒混合，淋上蜂蜜即可。

艺术胎教

014
胎教故事

一鸣惊人

战国时期，齐国的淳于髡是位很有名的学者。虽然他身材矮小，其貌不扬，但是他非常机警聪明，博学多才。

齐威王即位以后，整天吃喝玩乐，不问政事，于是遭到各诸侯国的侵犯，齐国危在旦夕。大臣们都很担心这样下去国家会灭亡，可是又不敢劝齐威王。齐威王有个怪癖，喜欢听笑话、猜谜语。淳于髡滑稽幽默，言语风趣，他打算用谜语来劝告齐威王。

一天，淳于髡来到宫殿求见。只见一群歌姬正在翩翩起舞，齐威王陶醉其中。见到淳于髡很不耐烦，他说："你没看见我正在忙着吗？有事明日再议吧。" 淳于髡说："大王，我最近听到一则谜语，特意来讲给您听。"齐威王一听谜语，高兴地说："好啊，快快讲来。" 淳于髡说："咱们齐国有只大鸟落在大王的庭院里三年了，它不飞也不叫。大王知道是什么吗？"齐威王马上就猜到淳于髡是在讽刺自己。他很不服气地说："这只大鸟，它如果飞的话，就会冲到天上去；它如果鸣叫的话，肯定会惊动众人，你等着看吧。"。原来，齐威王以前的所作所为只不过是个假象。当时齐国的政权掌握在卿大夫手中，齐威王需要等待时机，考察哪个是忠臣，哪

个是奸臣，所以才会装作不理朝政。齐威王听出淳于髡使用谜语讽喻他，他认为时机已经成熟，于是下决心整顿朝纲，收复失地，振兴齐国。

第二天，齐威王召集大臣入宫，严肃地说："从今天起，我要整顿朝政。你们说一下县吏的情况。"有几个大臣说："阿城县令最好，即墨县令最坏。"齐威王下令全体县令到都城述职，还在大殿放了一口大锅，煮开了水。齐威王把真相都摆了出来，下令将阿城县令扔到大锅里。原来即墨县令刚直不阿，所以没人说他好话；阿城县令行贿受贿，许多大臣替他美言。

自从这件事情之后，齐国百官都不敢为非作歹了，都尽心尽力地为民办事。齐国富强了，也收回了失地。

■ 宝贝，妈妈对你说

宝贝，这个故事比喻平时默默无闻却突然做出了惊人成绩的人。也就是说，并非滔滔不绝才能显出自己的本事，平时不露声色并不代表没有见解，只是为长远观察而蓄积力量，这样做不但能正确地预见未来，更能够掌握适当的时机出手，或许成功的概率会更高。

015 胎教故事

一诺千金

楚汉相争时，季布是项羽的部下，曾几次献策，使项羽的部队大败刘邦的部队。刘邦当了皇帝后，想起这事，就气恨不已，下令通缉季布，并严厉地宣布："有胆敢隐藏逃犯季布者，灭其三族"。

季布原是楚国人，从军后一直仗义疏财，广交天下，因此很多人宁愿冒着危险也会收留他。不久，季布装扮成穷人，到山东一家姓朱的人家当佣工。朱家明知他是季布，仍收留了他。后来，朱家觉得季布这样东躲西藏不是办法，就只身到洛阳去找刘邦的老朋友汝阴侯夏侯婴说情。刘邦在夏侯婴的劝说下撤销了对季布的通缉令，还封季布做了官，不久又改做河东太守。

季布有一个同乡叫曹邱生，很有口才，专爱结交有权势的官员，借以炫耀和抬高自己，季布一向看不起他，得知季布又做了大官就拖窦长君介绍他与季布相识。季布听说曹邱生要来，准备发落几句话，让他下不了台。谁知曹邱生一进厅堂，不管季布的脸色多么阴沉，话语多么难听，立即对着季布又是鞠躬，又是作揖，要与季布拉家常叙旧。并吹捧说："我听到楚地到处流传着'得黄金千两，不如得季布一诺'这样的话，这都是我到处宣扬你的好名声的结果，你为什么不愿见到我呢？"季布听了曹邱生的这番话，心里顿时高兴起来，留下他住几个月，作为贵客招待。临走，还送给他一笔厚礼。

后来，曹邱生又继续替季布到处宣扬，季布的名声也就越来越大了。

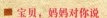

■ 宝贝，妈妈对你说

宝贝，一个人的诚信，就像金子一样珍贵。一个说到做到的人，自然能够得到更多人的帮助，能获得大家的尊重和友谊。反过来，如果贪图一时的安逸或小便宜，而失信于朋友，表面上是得到了"实惠"，但为了这点"实惠"而毁了自己的声誉，无异于丢了西瓜捡芝麻，得不偿失呀！

孕晚期……
孕**32**周

准爸爸应给予孕妈妈莫大的精神支持

多听音乐促进右脑发育

现在，胎宝宝开始能感受到胎外音乐节奏的旋律。胎宝宝可以从音乐中体会到理智感、道德感和美感，此时胎宝宝的身心正处于迅速发育生长时期，多听音乐对胎宝宝右脑的细胞发育很有利。出生后继续在音乐气氛中学习和生活，会给孩子智力的发育带来更大的益处。

孕期状况

孕妈妈
体重快速增长

怀孕32周时，孕妈妈的体重会快速增长。随着胎宝宝成长，腹内的多余空间会变小，胸部疼痛可能会更严重，呼吸也越来越急促。不过，当胎宝宝下降到骨盆位置后，症状就会得到缓解。

小提示
孕期做舒缓健身操可以帮助孕妈妈扩张骨盆增强腿部力量，在怀孕期间做这项运动，可以使分娩更顺利。

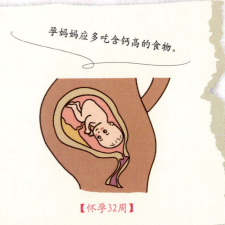
孕妈妈应多吃含钙高的食物。
【怀孕32周】

胎宝宝状况

胎宝宝
胎宝宝的活动变得迟缓

现在胎宝宝的五种感觉全部开始工作，他能炫耀一项新本领了——将头从一边转向另一边。胎宝宝的内脏器官正在发育成熟，脚趾甲全长出，头发仍在生长。虽然他继续坚持练习睁眼、闭眼，但每天仍有90%～95%的时间在睡眠中度过。

小提示
胎宝宝在学孕妈妈的子宫里会经常伸出头做各种鬼脸并露出笑容，有时候胎宝宝也会打嗝儿，这个孕妈妈可以感受到。此时，孕妈妈可以思考胎宝宝出生以后由谁照顾的事情。

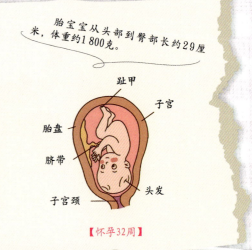
胎宝宝从头部到臀部长约29厘米，体重约1 800克。

趾甲
子宫
胎盘
脐带
子宫颈
头发
【怀孕32周】

艺术胎教

016

妈妈 厨艺

 酸奶地瓜泥

　　这个时期由于子宫增大的原因，使胃肠道蠕动减慢，特别容易发生便秘，而在怀孕期间也无法用药去缓解，因此只能通过食疗去缓解便秘。下面为孕妈妈推荐一道有助于缓解便秘的菜。

烹饪原料

　　地瓜1个，酸奶100克，鲜牛奶2大匙。

制作方法

　　1.将地瓜洗净蒸熟。

　　2.将蒸熟的地瓜去皮压成泥。

　　3.加入鲜牛奶拌匀。

　　4.将地瓜泥放入盘中，整形。

　　5.将酸奶淋在地瓜泥上，还可以撒上喜欢吃的水果、干果之类的配料。

艺术胎教

017 雕塑欣赏

《米洛斯的维纳斯》

这尊精美的雕像名为《米洛斯的维纳斯》，也叫《断臂的维纳斯》，雕像高204厘米，由大理石雕刻而成。

孕妈妈欣赏此作品，一定会为女神的丰满、圣洁、柔媚、优雅所倾倒，在这洁白的大理石里面，是少女的青春，也是生命的跃动。

《米洛斯的维纳斯》

走进绘画

从雕像被发现的第一天起，就被公认为是迄今为止希腊女性雕像中最美的一尊雕像。她的表情和身姿是那样的庄严崇高而端庄，像一座纪念碑；她又是那样优美，流露出最抒情的女性柔美和妩媚。她的嘴角上略带笑容，却含而不露，给人以矜持而富有智慧的感觉。

唯美视觉

对于《米洛斯的维纳斯》，谁也不可能从她赤裸的身上去归纳出一个具体的主题。她把自然、生命、真、善、美都集于一身。她不愧为古代希腊雕刻的一个典型代表，不愧为女性美的最高体现。

018 折纸游戏

这个时期孕妈妈要选择多种方式对胎宝宝进行胎教，为了让胎宝宝建立更好的感觉系统，孕妈妈可以玩一玩折纸游戏，给胎宝宝折一个小兔子，把折叠的过程一步步地讲给他听，折完后还可以念小兔子，白又白的儿歌给他听。

4. 将上下两个边向折痕折叠后打开。

5. 按照箭头所示，用手指分别打开右边的上下两个边。

6. 将折叠后的三角形还原。将折纸模型左边的矩形向后翻折。

1. 将正方形纸对折，然后展开，在中间留下一条折痕。

2. 将左右两个边向折痕折叠后打开。

3. 将纸张顶边向底边进行折叠。然后展开。

7. 将整个折纸的上部向后折。

8. 按箭头所示，将右边的三角形展开。

9. 将右边三角形两个顶角向上翻折。将右边四边形的底角向后折。

10. 如图所示将左边角向右边折叠。

孕晚期……
孕 **33** 周

孕妈妈一边听音乐，一边做放松练习

母子间 进入 "无言交流" 境界

孕33周到产后28天，是母子关系最为密切的阶段，这种亲密关系可借助肌肤之亲或对话来建立。运用与胎宝宝对话的方式，可以达到语言沟通的目的。然而，一边听音乐，一边做放松练习，能使孕妈妈和胎宝宝完全沉浸于安定的状态，进入"无言交流"的境界。

孕期状况

孕妈妈 · 性欲明显下降

这个时期，腹部的变化特别明显，又鼓又硬，使得肚脐都凸露出来。这时排尿次数会增多，而且有排尿不净的感觉。随着分娩期临近，孕妈妈的性欲也明显下降。在孕晚期，提倡以轻柔的爱抚表达夫妻间的爱意。

> **小提示**
> 不少孕妈妈在清晨起床后，发现前一天肿起来的脸、手、脚还是没消肿，这种情况要及时向医生反映，同时要特别注意水的摄入量。

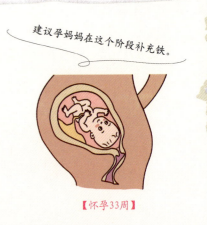

建议孕妈妈在这个阶段补充铁。

【怀孕33周】

胎宝宝状况

胎宝宝 · 皮肤由红色变成了粉红色

羊水量达到了最高峰并将一直维持到分娩，本周胎宝宝迅速发育使头围大约增加了9.5毫米。现在胎宝宝没有多少活动空间了。

> **小提示**
> 胎宝宝靠听觉认识外面的世界，孕妈妈心脏的跳动、呼吸声以及胃部消化的咕咕声，都会在胎宝宝周围不断产生噪声。胎宝宝已经学会去适应这些重复不断的声音，并且早已熟悉了那些声音，如果外面有不熟悉的声音，胎宝宝会被吓到，同时胎宝宝的心跳会变快。

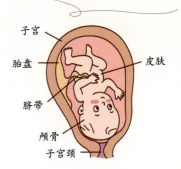

从头部到臀部长约30厘米，体重约2 000克。

子宫
胎盘
脐带
颅骨
子宫颈
皮肤

【怀孕33周】

019

泥塑手工

这周孕妈妈教胎宝宝做手工吧！先做球形，再捏扁，孕妈妈亲手操作捏出来的西瓜，一定会深深印在胎宝宝的脑海里，这种训练效果要远远超过卡片训练。

1. 将绿色的橡皮泥搓成球。
2. 将绿球按扁，两头尖。
3. 将红色的橡皮泥也搓成球。

4. 捏成月牙状。
5. 取一块白色的橡皮泥。

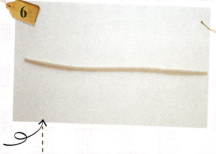

6. 将白球搓成长条状，再另取一些白色橡皮泥搓成几个米粒状小球。
7. 将各个部分捏合到一起，西瓜就完成了。

020 胎教故事

两个小鞋匠

从前有个鞋匠，生意上从来没出过什么差错，日子却过得越来越穷，后来穷到连做鞋子的材料也没有了，只剩下了一张皮子。他把这张皮子裁剪好，发现刚刚够做一双鞋子，然后他就上床休息了。

第二天一大早，他洗漱完毕，走到工作台前正准备做鞋，却惊奇地发现，鞋已经做好了，这到底是怎么一回事？他拿起鞋子仔细查看，活儿做得一丝不苟，没有哪一针缝得马虎。事实上，这双鞋是令鞋匠都感到骄傲的杰作。

过了一小会儿，一位顾客走了进来。他一见到这双鞋子就爱不释手，花了高价钱买下了这双鞋。这样一来，鞋匠就有了足够的钱去买可做四双鞋子的皮子。第二天清早，鞋匠发现四双鞋子已经做好了。于是，就这样日复一日，他前一天晚上裁剪好的皮料，次日一早就变成了缝制好的鞋子。不久，鞋匠就成了一个有钱的人。

圣诞节前几天的一个晚上，鞋匠在上床睡觉前对妻子说："咱们今天晚上熬个通宵，看看到底是谁这样帮助我们，好不好？"妻子欣然同意，并点燃了一根蜡烛。随后他们俩便藏在衣橱里面，注意着周围的动静。午夜一到，只见两个光着身子的小人儿走了进来，坐在鞋匠工作台前。他们刚一坐下，就拿起裁剪好的皮料，用他们纤细的手指开始做鞋，又是锥、又是缝，还不时地敲敲打打。鞋匠目不转睛地看着他们，对他们的工作赞赏不已。他们做好了鞋子，又把东西整理得井井有条，然后才急急忙忙地离去。

第二天早上，鞋匠的妻子对他说："是这两个小人儿使咱们发了财，咱们得好好感谢他们才是。他们半夜里光着身子来来去去，一定会着凉的。我打算给他们每人做一件小衬衫、一件小背心和一条小裤子，再给他们每人织一双小袜子；你呢，给他们每人做一双小鞋。"鞋匠很赞成这个主意。到了晚上，给两个小人儿的礼物全都做好了，他们把礼物放在工作台上，没有再放裁剪好的皮料。然后他们自己又躲藏起来，想看看两个小人儿会说些什么。

午夜时分，两个小人儿蹦蹦跳跳地跑了进来，准备开始干活儿。可他们怎么也找不到裁剪好的皮料，却发现了两套漂亮的小衣服，他们喜形于色，高兴得手舞足蹈。两个小人儿飞快地穿上衣服，接着唱了起来："咱们穿得体面又漂亮，何必还要当个皮鞋匠！"他们俩在椅子和工作台上又蹦又跳，最后蹦跳着离开了房间。从此，两个小人儿再没有来过，而鞋匠也一直过着富足的日子，事事称心如意。

宝贝，妈妈对你说

　　两个可爱的小精灵在鞋匠最困难的时候从天而降，帮助鞋匠夫妇渐渐富了起来……虽然故事的最后，两个可爱的小家伙不见了，可是他们让鞋匠的日子走进良性循环，使鞋匠夫妇一辈子过着幸福的生活。我的宝贝，这神秘的故事让人感觉由衷的快乐，淳朴的人、善良的心总会获得祝福和帮助，这是我们一生都要坚守的信念！

孕晚期…
孕**34**周

孕妈妈的 歌声是胎宝宝 的最爱

孕34周，胎宝宝能通过声音的波长和频率产生直接的记忆，接受"妈妈"的情感。所以，鼓励孕妈妈大声唱歌，歌声不仅仅能平复心中的焦虑，而且对于胎宝宝来说也是很好的胎教。有的孕妈妈认为，自己五音不全，没有音乐细胞，哪能给胎宝宝唱歌呢。其实，完全没有必要把唱歌这件事看得过于严格，要知道给胎宝宝唱歌，这并不需要什么技巧和天赋，要的只是孕妈妈对胎宝宝的一份爱。

孕期状况

【孕妈妈】 容易出现痉挛或疼痛

每次产前检查都要测量血压和化验尿液。孕妈妈可能注意到手上的戒指紧了，或者手脚肿胀，这是因为液体积留所致，但如果紧身的衣服限制了血液流动，情况会变得更糟。

小提示

孕妈妈在日常生活中要积极预防和治疗便秘，少量多次的喝水，养成定时排便的习惯。若形成痔疮要多卧床休息，不要久坐、久站，适当出去散散步，还可以经常做提肛运动，改善血液回流。

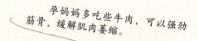
孕妈妈多吃些牛肉，可以强劲筋骨，缓解肌肉姜缩。

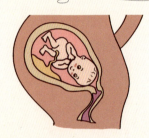
【怀孕34周】

胎宝宝状况

【胎宝宝】 骨骼会变得结实

胎宝宝的免疫系统正在发育以抵御轻微的感染。胎宝宝现在太大了，已经不能漂浮在羊水里了，他的运动较以前粗大而缓慢。

小提示

胎宝宝的吮吸反射早就出现了，当宝宝出生以后，妈妈会发现，用手指触碰他的脸颊，他的脸就会歪到一边去，然后嘴巴在不断的寻找，直到找到东西。胎宝宝的呼吸系统和饮食系统是分开的，刚出生的小宝宝都是用鼻子呼气的。

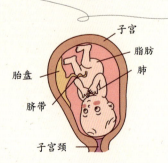
从头部到臀部长约32厘米，体重约2 250克。

子宫
脂肪
肺
胎盘
脐带
子宫颈

【怀孕34周】

艺术胎教

021 音乐 欣赏

《幻想即兴曲》 ◎弗里德里克·弗朗索瓦·肖邦（波兰）

　　现在胎宝宝的头部已进入了骨盆，为分娩做好了准备。本周推荐孕妈妈欣赏弗里德里克·弗朗索瓦·肖邦的《幻想即兴曲》，其行云流水的曲风，会让孕妈妈觉得很舒服。《幻想即兴曲》是弗里德里克·弗朗索瓦·肖邦24岁时（1834年）的作品，却直到他去世之后，才在乐谱夹内被后人发现，于1855年出版。标题《幻想即兴曲》则为出版时所取。

走进音乐

　　乐曲的构成为三段体式：第一段为升C小调，右手与左手以不同的节奏型急速地交合，使人产生一种幻觉（片段1）；中段为降D大调，有优美如歌的旋律，把听众带入一个幻想中的美丽世界（片段2）；然后回到第一段。尾声为中段的旋律在低音部反复，仿佛幻想中的世界还在时隐时现……

■ 聆听旋律

　　华丽而富有诗意的曲调，演绎了人生最美妙的幻想与爱情，像是一场美丽的梦。在幻想中迷离、沉醉。梦幻中，亦点燃希望与光明的火种，憧憬美好灿烂的未来……

艺术胎教

022
名画欣赏

■ 《拾穗者》 ○让·弗朗索瓦·米勒（法国）

随着胎宝宝的增大，孕妈妈容易出现睡眠不好的情况，还会出现手脚肿胀，这些都会导致孕妈妈情绪焦虑。想办法转移一下自己的注意力，比如欣赏名画，让自己的精神沉浸在艺术的氛围中，远离那些令人不安的情绪。

走进绘画

　　《拾穗者》是法国画家让·弗朗索瓦·米勒在1857年创作的著名油画，是最能够代表让·弗朗索瓦·米勒风格的一件作品，它没有表现任何戏剧性的场面，只是秋季收获后，人们从地里拣拾剩余麦穗的情景。画面的主体不过是三个弯腰拾麦穗的农妇而已，背景中是忙碌的人群和高高堆起的麦垛。这三人与远处的人群形成对比，她们穿着粗布衣衫和笨重的木鞋，体态健硕，谈不上美丽，更不好说优雅，只是谦卑地躬下身子，在大地里寻找零散、剩余的粮食。然而，这幅内容朴实的画作却给观众带来一种不同寻常的庄严感。

《拾穗者》/让·弗朗索瓦·米勒（法国）

■ 唯美视觉

让·弗朗索瓦·米勒一般采用横的构图，让纪念碑一般的人物出现在前景的原野上。三个主体人物分别戴着红、蓝、黄色的帽子，衣服也以此为主色调，牢牢吸引住观众的视线。她们的动作富于连贯性，沉着有序，布置在画面左侧的光源照射在人物身上，使她们显得愈发结实而有忍耐力。

艺术胎教

023
儿歌哼唱

艺术**胎教**200例

孔雀

这鸟美，那鸟美，
我说孔雀是最美，
宝石般的长羽翎，
满身镶翡翠。
要问孔雀喜欢谁?
穿花裙的小妹妹。
看见她来就开屏，
咱俩一样美。

一二三四五

一二三四五，
大象学敲鼓，
鼻子用力敲，
吓跑小老鼠，
老鼠有几只?
我来数一数，
数来又数去，
一二三四五。

大海真奇妙

小浪花，真可爱，
天生洁白海上开。
虾米跳跳舞，
鱼儿游过来。
大海的宝贝，
撒欢的小孩。

数九歌

一九、二九不出手，
三九、四九冰上走，
五九、六九沿河看柳，
七九河开，八九燕来，
九九加一九，耕牛遍地走。

孕35周

孕妈妈要振作起来，对顺利分娩充满信心

用音乐缓解紧张情绪

日益临近的分娩会使孕妈妈感到忐忑不安，甚至有些紧张。想象分娩时的疼痛，担心分娩不顺利，担心胎宝宝是否正常，以及胎宝宝的性别和长相是否理想等，存在着这样那样的顾虑。所以现在，请孕妈妈一定要想办法使自己振奋起来，可以和丈夫或自己的妈妈聊一聊，还可以欣赏胎教音乐，聆听和感受音乐带来的恬静、安宁，以舒缓自己的情绪。

孕期状况

【孕妈妈】

● 呼吸困难

孕激素、松弛素分泌及胎宝宝的体重作用会引起骨盆连接部扩张，为分娩做准备。孕妈妈可能会出现骨盆连接部位不舒服的现象。

小提示

在欣赏胎教音乐前，孕妈妈要在舒适安静的环境中选择舒服的姿势坐好，放松身心，以保持心情的轻松愉悦。每天多次欣赏音乐名曲，聆听和感受音乐带来的恬静、安宁，可以让孕妈妈在较长时间内保持愉悦的心情，并促进胎宝宝发育。

孕妈妈可吃一些淡水鱼，有促进乳汁分泌的作用。

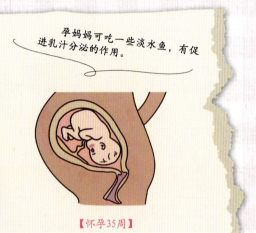

【怀孕35周】

胎宝宝状况

【胎宝宝】

● 呼吸系统基本发育完成

这时出生的胎宝宝，99%能存活下来。中枢神经系统正在发育成熟，消化系统基本发育完毕，肺通常也完全发育成熟，如果胎宝宝在这个时间早产的话，很少会发生呼吸问题。

小提示

现在，大多数胎宝宝采取纵向的姿势，即直上直下，头在骨盆里。虽然现在子宫内可活动的空间变小，但在最后几周内，他还是有可能改变姿势的，变成头朝下的姿势。

胎宝宝从头部到臀部长约33厘米，体重约2 500克。

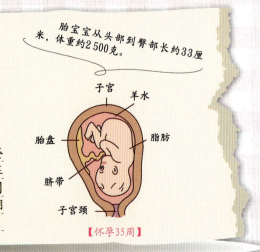

子宫　羊水

胎盘　　　　脂肪

脐带

子宫颈

【怀孕35周】

艺术胎教

024
音乐欣赏

🌳 《圣母颂》◎弗朗茨·泽拉菲库斯·彼得·舒伯特（奥地利）

孕晚期孕妈妈容易在心理上怀疑自己的能力，夸大自己的失败，对分娩充满担忧。这时孕妈妈可以欣赏一下弗朗茨·泽拉菲库斯·彼得·舒伯特的《圣母颂》吧，想象着胎宝宝平安地降临人世，安然香甜地沉睡在自己怀里，神圣的母爱一定油然而生。

走进音乐

《圣母颂》作于1825年，作者弗朗茨·泽拉菲库斯·彼得·舒伯特选用了英国历史小说家、诗人司哥特的叙事长诗《湖中美人》中的七段，谱写成歌曲，其中《爱伦之歌》写得最好，这就是脍炙人口的《圣母颂》。弗朗茨·泽拉菲库斯·彼得·舒伯特用精练、细腻的手法，表现天真无邪的少女爱伦，她立在湖边岩石上，手捧圣母像，低头祈祷上帝宽恕她父亲的罪意。乐曲动人的旋律，包含着十分真挚的父女之情，并融进了自己在坎坷人生中所体验到的痛苦和悲伤，寄寓了对幸福与未来的憧憬。

■ 聆听旋律

第一段低音G弦上演奏，于庄重虔诚之中透出祈祷与思索。然后，低音旋律转到高音，用八度双音重复，并用三度、六度的双音加强旋律的歌唱性，增强力度的变化使感情不断升华。最后出现和弦，涌现全曲高潮，充分显露出浪漫派音乐的特色，并表现了自己对人生的探索与祈求。

《圣母与天使》/ 威廉·阿道夫·布格罗（法国）

025 胎教故事

三个纺纱女

从前，有个女孩非常懒惰，不论怎样都不愿意纺纱。终于有一天，母亲忍无可忍，就打了她一顿，于是她号啕大哭起来。

正巧这时王后乘车从门前经过，听见了哭声，便吩咐随从把车停下来，进屋问那位母亲为什么打女儿。做母亲的怎好意思说自己的女儿如何如何的懒惰，于是就回答说："我叫她不要再纺纱了，可她就是不听，在纺车上仍然纺个不停。我穷啊，哪买得起那么多的亚麻呀！"

王后听了说道："我最爱纺纱。让你的女儿随我进宫去吧，我有的是亚麻，她愿意纺多少就纺多少。"

母亲听了这话，打心眼儿里高兴，满口答应下来，王后便带着女孩走了。

她们到了王宫之后，王后领着女孩上了楼，把三间库房指给她看，只见库房里装满了最好的亚麻。"你就为我纺这些亚麻吧！"王后说道，"你什么时候纺完了，就嫁给我的长子。"

女孩听了心里一阵惊恐——即使她每天从早纺到晚，纺到她三百岁的时候，也休想把那么多的亚麻纺完。等剩下女孩独自一人时，她就哭了起来。她哭啊、哭啊，一晃三天过去了，还没动手纺纱呢。第三天，女孩不知如何是好，忧心忡忡地来到窗前。恰在这时她看见有三个女人走了过来：第一个女人的一个脚板又宽又平；第二个女人的下嘴唇很长，耷拉到下巴上；第三个女人的一只大拇指非常宽大。这三个女人走到窗下停住了脚步，问女孩为什么忧心忡忡，女孩就向她们诉说了自己的苦恼。"只要你不嫌我们丢人"她们对女孩说道，"请让我们参加你的婚礼，说我们是你的表姐，并且让我

■ 宝贝，妈妈对你说

　　亲爱的宝贝，这则童话告诉我们，做人还是要勤快一点，尽量做一些力所能及的事情，这样不仅能帮助父母，还能使自己得到锻炼。童话中的三个纺纱女虽然长得很丑，但她们的心地很善良。在生活中我们不能以貌取人，而且喜欢一个人不能只看外表，最主要的是心灵美，只有心灵美才是真正的美。

们与你同桌喝喜酒，我们就帮你把这些亚麻纺完。""我非常乐意。"女孩回答说。

　　说罢，女孩就让这三个长相奇特的女人进屋来。她们进来后刚一坐下就开始纺纱。每次王后来，女孩生怕王后发现，便把那三个纺纱女藏起来，而让王后看已经纺好的纱。王后看了之后，对她赞不绝口。

　　库房里所有的亚麻都纺完了，这三个纺织女便跟女孩告别，临行前对她说道："你可千万不要忘记了对我们许下的诺言，这关系到你自己的幸福啊。"

　　女孩领着王后看了三间空荡荡的库房和堆得像小山似的纱线，王后便下令为王子和女孩举行婚礼。

　　"我有三位表姐"女孩说，"她们待我非常好，在我自己幸福如意的时候，怎么也不愿意冷漠了她们。请允许我邀请她们来参加婚礼，并且让她们在婚宴上和我们坐在一起。"

　　王后和王子欣然同意。婚礼那天，三个纺纱女果然来了。她们打扮得怪模怪样的，很令人发笑。新娘马上迎上去说："欢迎你们，亲爱的表姐们。"

　　"你的几个表姐怎么长得这么丑？"王子问道。

　　随后，他转身走到那个大脚板女人身边，问道："您的一只脚怎么会这样大呢？""踏纺车踏的呗。"她回答道。

　　新郎又走到第二个女人身旁，问道："您的嘴唇怎么会耷拉着呢？""舔麻线舔的呗。"她回答说。

　　新郎又问第三个女人："您的大拇指怎么会这样宽呢？""捻麻线捻的呗。"她回答说。

　　王子听罢三人的回答，大惊失色，于是就说："我美丽的新娘今后绝不要再碰纺车一下。"

　　就这样，女孩从此再也用不着干纺纱这个活儿了。

孕晚期…

孕36周

欣赏音乐时加入丰富的感情

光线和声音是对胎宝宝温柔的刺激

适量的光线和来自外界温柔的声音，对即将出生的胎宝宝而言，都是一种舒服的刺激。在欣赏胎教音乐时，孕妈妈要加入丰富的感情色彩，在脑海里形成各种生动感人的具体形象。例如碧空万里的蓝天、悠悠飘浮的白云、绚烂美丽的晚霞、连绵起伏的青山翠竹、清澈见底的小河流水、夜色中宁静的月光、摇篮边年轻的母亲、摇篮内逗人喜爱的小宝宝……

孕期状况

【孕妈妈】 ● 腹部下坠感增强

从现在直到分娩为止，最好每周做一次产前检查。这些检查包括B型链球菌抗体检测等。孕妈妈还会发现睡觉时做梦增多，而且梦境都非常生动。

● 小提示

越是临近分娩，孕妈妈可能越紧张不安，这时就要防止失眠了。多看些分娩的资料，会让孕妈妈对未知的事情有所了解，减轻不必要的心理负担，与爱人、家人、朋友经常沟通会减轻孕妈妈的精神压力。

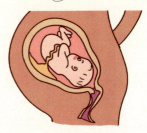

孕妈妈应多吃营养丰富、易于消化、有补益作用的菜肴。

【怀孕36周】

胎宝宝状况

【胎宝宝】 ● 胎毛几乎全部脱落

子宫的空间越来越小，现在孕妈妈肯定注意到了胎宝宝的运动发生了变化。因为受到限制，他四处扭动的次数减少，但运动通常更有力、更明显。

● 小提示

胎宝宝现在已经发育成熟等待出生了，他的外耳郭和内耳都已发育完善，现在他可以听到孕妈妈血流的声音、心脏的声音以及孕妈妈说话的声音。

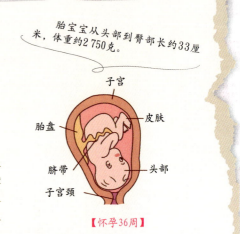

胎宝宝从头部到臀部长约33厘米，体重约2 750克。

子宫

皮肤

胎盘

头部

脐带

子宫颈

【怀孕36周】

026 音乐欣赏

《婚礼进行曲》

◎雅科布·路德维希·费利克斯·门德尔松·巴托尔迪（德国）

雅科布·路德维希·费利克斯·门德尔松·巴托尔迪的《结婚进行曲》是其中一首因时常用于婚礼而著名的乐曲，一般以管风琴演奏。它是为莎士比亚的作品《仲夏夜之梦》所做的配乐。孕妈妈听到这首熟悉的《婚礼进行曲》，一定会想到在即结婚时的情景，再想自己马上就要和宝宝见面了，从新娘变成妈妈，这真是件幸福的事啊！

走进音乐

这首《婚礼进行曲》用复三部曲式写成，第一主题从辉煌的号角开始，引出热烈而隆重的旋律；第二主题仍然保持着热烈的气氛；中段旋律柔美、情意甜蜜，给人以幸福感；最后，第一部分的两个主题再现，接尾声。这首《婚礼进行曲》已成为世界性的婚礼仪典进行曲。

艺术胎教

027 胎教故事

三个小矮人

从前，一户人家的妻子死了，只留下丈夫和女儿；另一户人家的丈夫死了，只留下妻子和女儿。两个女孩差不多大，她们常在一起玩耍。一天，那个死了丈夫的女人对邻居的女孩说："你回去告诉你父亲，我要和他结婚。"女孩很吃惊。那女人又说："结婚以后，我每天让你用牛奶洗脸，给你喝葡萄酒。"于是，女孩的父亲就和那寡妇结了婚，两个女孩也住到了一起。

第二天早晨，继母将洗脸的牛奶和喝的葡萄酒放在继女的面前；她又将洗脸的水和喝的水放在自己亲生女儿面前。第三天也是如此。第四天就不对了，她在继女面前放的是水，而在自己女儿面前放的是牛奶和葡萄酒。第五天、第六天……一直是这样。从那以后继母对继女越来越凶。后来，继母把继女看成了眼中钉，因为她长得比自己的女儿漂亮。冬天来了，继母把一件纸衣服交给继女，说："穿上这衣服，到森林里给我采一篮草莓来。"继母塞给女孩一小块硬面包算是她一天的饭，然后不由分说地把她推出门去。

森林里到处是雪，看不到一根绿草。女孩走了很久，她看见一座小房子，三个小矮人正在朝外面张望。女孩走过去向小矮人们问好，请求让她进屋去。女孩进了屋，坐在火炉边的小凳上，一边烤火，一边吃硬面包。矮人们说："把你吃的分给我们些吧。"女孩说："好啊！"小矮人问女孩："大冷天你到森林里来干什么？"女孩把继母的话告诉了他们。小矮人拿出一把扫帚，说："能帮我们把后门外的雪扫掉吗？"女孩说："好的！"女孩出去了。三个小矮人商量说："这是个善良、有礼貌而又在受折磨的女孩，我们应该帮助她。"第一个小矮人说："我愿她一天比一天美丽。"第二个小矮人说："我愿她每讲一句话，嘴里就吐出一块金子。"第三个小矮人说："我愿她能嫁给一位国王，当上王后。"

这时，女孩正用扫帚打扫后门外的积雪。雪很厚，她用力扫着，雪被扫开了，啊！地上尽是草莓！又大又红的草莓！女孩高兴极了，采了满满一篮子。

女孩回到家，她把草莓交给继母，把经过详细地告诉了继母。她每说一句话，嘴里就掉下一块金子。继母的女儿吵着也要到森林里去采草莓。继母让女儿穿上了厚厚的皮袄，让她带上奶油面包，然后看着她朝森林走去。继母的女儿找到了森林里的小房子和那三个小矮人。她连招呼都不打，直接闯进了屋里，在火炉边吃奶油面包。矮人们说："分一点给我们吧！"女孩回答："我自己都不够，怎么能给你们？"小矮人让她去扫雪，她说："哼，我可不是你们的佣人。"说完就走了。三个小矮人很生气，说："让她一天比一天难看，嘴里蹦出蛤蟆，不得好死。"

女孩没采到草莓，气冲冲回到家里。谁知她刚开口说话，癞蛤蟆就从嘴里跳出来了。继母很生气，她把一捆纱线和一把斧头交给继女，说："去敲开冰河，把纱线洗干净！"女孩只好来到冰冻的河边，砸开冰河洗纱线。

这时远远来了一辆漂亮的马车。马车上的国王一看见这个勤劳美丽的女孩，便爱上了她，女孩和国王一起回去了，举行了盛大的结婚典礼。

■ 宝贝，妈妈对你说

宝贝，故事中的两个女孩，同样去森林里采草莓，为什么一个能吐出金子，而另一个则吐出癞蛤蟆呢？对，很简单，因为吐出金子的女孩非常善良、懂礼貌、有爱心，肯把自己都不够吃的食物拿出来与人分享，因此她得到了三个小矮人的回报。所以，我的宝贝，你要成为怎样的人呢？

艺术胎教

029 名画欣赏

《高脚果盘》 ○保罗·塞尚（法国）

越是接近临产，越是对孕妈妈的一种考验。现在孕妈妈的身体会出现各种不适，让孕妈妈坐立难安，睡觉也许会成为最痛苦的时刻。因此，在这充满艰辛的最后几周里，孕妈妈要尽可能地让自己的心灵平静下来。下面推荐孕妈妈欣赏塞尚的《高脚果盘》，希望能达到令你静心的效果。

走进绘画

《高脚果盘》是保罗·塞尚41岁时的作品，它也是保罗·塞尚成就最高、最著名的静物画之一。整个画面上的物体的体积感和质量感由于光的反射颤动而更明显，高脚盘和苹果被鲜明地突现出来，形成视觉的吸引力，画中的物象都显得非常结实、厚重。画中的一切都有其相互的关系和存在的意义，每个物体都是构成其整体的一个要素，达到高度的精练、简化，这是塞尚创造的一个纯粹的、实在性的画面。

■ 唯美视觉

这幅画中矩形与球体占据了主导地位。也就是说，形状简得不能再简了。但高脚盘和玻璃杯的圆口子在透视中呈现为两个椭圆，而椭圆形乃是一种能够激发不同情感的形状，正如人们可以在哥特式建筑令人不安的效果中看到的那样。它与圆形和直线都难于取得和谐。所以，人们无须惊讶便能发现塞尚改变了它们的形状，使其两端近于圆形。这一变形剥夺了椭圆的优雅和轻盈，却赋予了它以庄重和厚实的特征，就像那些球体一样。

《高脚果盘》/保罗·塞尚（法国）

030 音乐欣赏

《拉德斯基进行曲》 ◎老约翰·施特劳斯（奥地利）

这首曲子本是老约翰·施特劳斯题献给拉德斯基将军的。拉德斯基是奥地利的陆军元帅，受到全军上下的爱戴，被称为拉德斯基老爹。奥地利作曲家老约翰·施特劳斯为他的胜利专门谱写了《拉德斯基进行曲》进行颂扬，成为每年维也纳新年音乐会的保留节目。这首曲子适合孕妈妈在清早起床后倾听，利用这种强有力的节奏来振奋自己，让这一天都充满信心。

走进音乐

《拉德斯基进行曲》，管弦乐曲，奥地利作曲家老约翰·施特劳斯作于1848年。是老约翰最著名的代表作，经常作为通俗的管弦乐音乐会的最后一首曲目。每年著名的维也纳新年音乐会也总是以这首曲子作为结束曲，并已成为一种传统。

■ 聆听旋律

这首曲子由对比鲜明的两部分构成。强劲有力的引子之后是第一部分主题，仿佛让人们看到了一队步兵轻快的走过大街。反复一遍之后，音乐经过一个全乐队齐奏的过渡句，随后出现的是与前面主题相对比的轻柔主题，优美动听。音乐最后在反复第一部分的主题后结束。

孕晚期...
孕38周

孕妈妈冥想能够激发胎宝宝潜能

开始意想胎教

日渐临近的分娩使孕妈妈感到忐忑不安，这时孕妈妈可以开始意想胎教。首先摆出舒服的姿势让身体放松，然后想象最令人愉悦和安定的场景。孕妈妈沉浸在美好的想象之中，格外珍惜腹中的胎宝宝，以博大的母爱关注着胎宝宝的变化。胎宝宝通过感官得到这些健康、积极、乐观的信息，这就是意想胎教最好的过程。

孕期状况

孕妈妈

分辨真假宫缩

在孕晚期，分娩即将来临的焦虑、睡眠不足、渴望结束怀孕等多种情绪混杂到一起，使一些孕妈妈陷入抑郁。如果有这种感觉，要将感受告诉医生，尽量停止工作。

小提示

在这个阶段，孕妈妈的各种活动都要小心，比如避免长时间站立，洗澡时要避免滑倒等。总之，要充分休息，密切注意自身变化，随时做好临产准备。

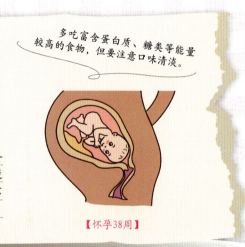
多吃富含蛋白质、糖类等能量较高的食物，但要注意口味清淡。

【怀孕38周】

胎宝宝状况

胎宝宝

准备出生

胎宝宝发育成熟了，随时准备出生。胎盘开始老化，给胎宝宝提供必需品的角色正在结束使命。它转运营养物质的效率降低，开始出现血块和钙化斑。

小提示

此时应注意胎宝宝的胎心音节率是否忽快忽慢，正常胎心音120～160次/分，如果胎心音160次/分以上或持续100次/分，都表示胎宝宝宫内缺氧，应及时治疗。

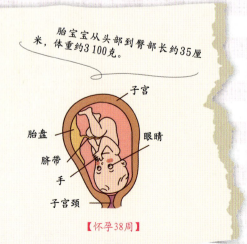
胎宝宝从头部到臀部长约35厘米，体重约3 100克。

子宫
胎盘
眼睛
脐带
手
子宫颈

【怀孕38周】

《摇篮曲》 ◎弗朗茨·泽拉菲库斯·彼得·舒伯特（奥地利）

即将临产，孕妈妈唯一需要做的就是充分休息，消除紧张情绪。孕妈妈如果感到困倦却又睡不着时，可以选个舒服的姿势，坐着或侧卧，听一听弗朗茨·泽拉菲库斯·彼得·舒伯特的《摇篮曲》，试着放松自己，让自己尽快进入梦乡吧。

走进音乐

从这首乐曲写出来那天起，直到今天还被世界各国的母亲和歌唱家传唱着。如弗朗茨·泽拉菲库斯·彼得·舒伯特创作这首动人的歌曲时，还有这样一段故事：

那时的弗朗茨·泽拉菲库斯·彼得·舒伯特生活很贫苦。有一天晚上，他没有吃饭，饿着肚子在街上徘徊，希望能碰见一个熟人，借点钱好充饥。但好久也没有碰到熟人。这时他走到一家豪华的酒店门前，他走了进去，在一张桌子前坐下，他忽然发现饭桌上有一张旧报纸，弗朗茨·泽拉菲库斯·彼得·舒伯特就拿起翻看着。他见上面有一首小诗："睡吧，睡吧，我亲爱的宝贝，妈妈双手轻轻摇着你，……"这首朴素、动人的诗，打动了作曲家的心灵，他眼前出现了慈爱的母亲的形象。是呀，在那宁静的夜晚，母亲轻轻地拍着孩子，哼唱着摇篮曲，银色的月光透过窗子照在母子的身上，这是多么美好的生活呀……弗朗茨·泽拉菲库斯·彼得·舒伯特再也抑制不住自己，于是，他从口袋里掏出一张纸，拿出一支铅笔，一面哼唱着，一面急速地谱写着。

弗朗茨·泽拉菲库斯·彼得·舒伯特写好后，把歌曲交给了饭店的老板，老板虽然不懂音乐，但觉得这首曲子那么好听，那么优美，便给了弗朗茨·泽拉菲库斯·彼得·舒伯特一盆土豆烧牛肉。

弗朗茨·泽拉菲库斯·彼得·舒伯特在贫困中，以美好的心灵为母亲和孩子写下了这首甜美的歌曲，这首《摇篮曲》很快在世界各地传唱开了，而它的作者弗朗茨·泽拉菲库斯·彼得·舒伯特却在贫困中死去了……

■ 聆听旋律

摇篮曲不仅仅是音乐方面的一种重要的音乐形式，而且是人类生活中不可缺少的一种艺术手段。每个人一生下来，就在母亲的怀抱中听母亲哼唱着摇篮曲长大。母亲通过摇篮曲，把人生的哲理，未来的希望以及母亲的爱，深深地埋在孩子们的幼小心灵里。这些哲理和希望如同种子，随着孩子的成长，在他们的心灵中开花、结果，在潜移默化中影响着他们的思想。

艺术胎教

032 名画欣赏

《洗澡》 ◎玛丽·卡萨特（美国）

孕妈妈在看到这幅绘画作品时，会一下子钩起自己的母爱，想到自己也即将成为母亲，那种对宝宝的爱，将化为巨大的力量，为了马上就要见面的宝宝，加油吧！

卡萨特于1879年4月参加第四届印象派画展，展出了她的两幅画。无论从构图上还是从焦点透视上看，都已渗透着德加的画风的影响。如这幅《洗澡》布面油画，就算是十分典型的一例。它也是卡萨特90年代中最杰出的一幅代表作。

走进绘画

1890年，著名的巴黎美术学校在校内举行日本美术大型展览。这个展览给卡萨特以极大的吸引力。从《洗澡》上可看出，画家曾参考日本版画的透视画法，把焦点置于画外，并使用垂直画幅。她让洗澡的孩子与母亲的身子及手臂"拉"得很长，在画面上伸展开来。用的是自上观察的高视点。德加也常喜欢采用俯视法。花纹糊墙纸、着色的箱子、有几何图案的地毯以及宽宽的长条子睡衣等，都像是故意处理在这个可爱的小女孩周围，用以加强女孩的素色形体。

唯美视觉

色彩的分布被划分为上下两部分：花纹糊墙纸的赭色和下面几何图案地毯的红棕色。中间被母亲的衣服色带断开。裸着白白的身子的小女孩居于这些斑斓色块的中间并与带条子的衣服相交叉。握着女孩的右脚的母亲与女孩居于斑杂色彩的显著地位，而母亲那只在焦距上显得过大的左手又被小女孩裸露的腹部色彩所减弱，从而使这种透视避免了不必要的错觉。右下角的水壶起着对全画的透视焦点的提示作用。它又弥补了这一角落的色彩分量。这种水壶在德加的许多描绘浴女的画面上也常被采用，用以填补地平面的空间。

《洗澡》／玛丽·卡萨特（美国）

《圣母子》 ◎拉斐尔·桑西（意大利）

拉斐尔·桑西是文艺复兴时期的一位艺术家，他一直在对古代艺术进行研究。但也有不同，拉斐尔·桑西把圣母的脸画得更加温柔，他把古代女神的神态画得更精致、更柔和。在怀孕的最后时刻，孕妈妈欣赏这幅《圣母子》，看到画面中母子柔和、宁静的表情，相信孕妈妈也会感到些许的安心。就以这种平静的心情迎接分娩吧！加油！

走进绘画

画中，我们看到圣母子坐在凳子上，背后是一片温柔和景色。这天，风和日丽，我们可以看到远处的山峦融进浅蓝色的天空。

右边的几簇矮树丛，把我们的目光引向了山上的那座小教堂。这使我们想到年轻的母亲与她的婴儿属于宗教的世界。母亲与孩子头上环绕的两道光环，是他们圣洁的标志。拉斐尔·桑西无须用这种标志来展现他所要表达的东西。他把年轻的母亲绘得那样甜蜜，梦幻般的脸画得如此温柔，当我们看着她时，我们想到的只能是圣母。

■ **唯美视觉**

看圣母的脸，我们可以发现，那柔和的轮廓、大大的眼睛、挺拔的鼻子和小嘴，与希腊杰出的雕塑家普拉克西特利斯创作的维纳斯头像有着惊人的相似，这是因为，拉斐尔是文艺复兴时期的一位艺术家，他一直在对古代艺术进行研究。但也有不同，拉斐尔把圣母的脸画得更加温柔，他把古代女神的神态画得更精致、更柔和。

《圣母子》/拉斐尔·桑西（意大利）

孕晚期…
孕 **39** 周

放松呼吸，祈求平安和顺产

意想预产法 助孕妈妈 顺产

为了减少分娩前的恐惧，将要临产的孕妈妈应该多看看关于分娩过程的宣传片，多学习减少痛苦的临产动作、呼吸方式等，在接受了这些学习后，内心可以多次冥想真正分娩时的样子。冥想时两腿盘起，放松呼吸，腰部挺直，双手自然放在膝盖上，深吸气然后慢慢呼出。冥想时如果听着舒缓的音乐，效果会更好。

孕期状况

〔孕妈妈〕 ● 留意分娩征兆

由于子宫占据了骨盆和腹部的大部分空间，孕妈妈会感到非常不舒服。建议产前检查时与医生探讨所有疑虑。

小提示

关于剖宫产日期的选择问题，实际上越靠近预产期的日期是越好的，如果为了选择一个好日子大大提前预产期是不可取的。

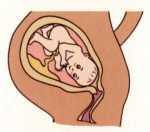

孕妈妈下腹部会出现轻微胀痛。

【怀孕39周】

胎宝宝状况

〔胎宝宝〕 ● 骨化基本完成

胎宝宝准备出生的时候大部分胎毛已经褪去。他将胎毛连同其他分泌物吞进去，储存在肠道中。这将刺激胎宝宝的肠蠕动，排出称为胎粪的黑色粪便。

小提示

胎宝宝现在分泌的胃酸比较少，在出生24小时，胎宝宝胃酸会大大提升，但还达不到成人的程度。这就是为什么宝宝在4~6个月前不要加辅食的原因，过早的添加辅食是不好消化的。

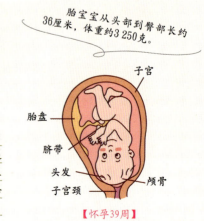

胎宝宝从头部到臀部长约36厘米，体重约3 250克。

子宫
胎盘
脐带
头发
颅骨
子宫颈

【怀孕39周】

《苏格兰交响曲》

◎雅科布·路德维希·费利克斯·门德尔松·巴托尔迪（德国）

《苏格兰交响曲》是一首交响乐，作者雅科布·路德维希·费利克斯·门德尔松·巴托尔迪，a小调，作于1830—1842年，而其创作灵感始于1829年5月，1842年3月3日，由雅科布·路德维希·费利克斯·门德尔松·巴托尔迪自己指挥爱乐乐团首演。

走进音乐

交响曲的第一乐章变化很多，表情标记也用了较多文字："流动的行板——稍激动的快板——非常活泼的——返回最初的行板"。

具有冥思特点的引子，就是雅科布·路德维希·费利克斯·门德尔松·巴托尔迪参观玛丽女王加冕的小圣堂废墟时，脑海中闪现的那句乐句。它第一次出现显示出苍凉的感受，中提琴和双簧管以凄然的音色奏出，然后再由大提琴唱出，略微增添了一抹暖色。

乐章的结尾是疾风暴雨式的，这是在浪漫主义时期十分盛行的音乐类型，我们在同时期瓦格纳创作的《漂泊的荷兰人》中，也可以听到同样的暴风雨般的音乐，或许这正是当时的作曲家们所追求的一种浪漫气质吧。

玛丽·卡萨特作品（2）/（美国）

艺术胎教

035 胎教故事

一个豆荚里的五粒豆

有一个豆荚，里面有五粒豌豆。它们都是绿的，因此它们就以为整个世界都是绿的。豆荚在生长，豆粒也在生长。它们按照它们在家庭里的地位，坐成一排。豌豆粒越长越大，它们觉得自己多少得做点事情。

"难道我们永远就在这儿坐下去吗？""我只愿老这样坐下去，不要变得僵硬起来。"许多星期过去了。这几粒豌豆变黄了，豆荚也变黄了。忽然它们觉得豆荚震动了一下。它被摘下来了，跟许多别的丰满的豆荚在一起，溜到一件马甲的口袋里去了。

"我们不久就要被打开了！"它们说。于是它们就等待这件事情的到来。

"我倒想要知道，我们之中谁会走得最远！"最小的一粒豌豆说。"是的，事情马上就要揭晓了。"

"啪！"豆荚裂开来了。那五粒豆子全都滚到太阳光里来了。它们躺在一个孩子的手中。这个孩子紧紧地捏着它们，说它们正好可以当作豆枪的子弹用。他马上安一粒进去，把它射出来。

"现在我要飞向广大的世界里去了！"于是第一粒豌豆飞走了。"我！"第二粒说，"我将直接飞进太阳里去。""我们到了什么地方，就在什么地方睡。"其余的两粒说。

"该怎么办就怎么办！"最后的那一粒说。它被射到空中去了，最后落到顶楼窗子下面一块旧板子上，正好钻进一个长满了青苔的裂缝里。青苔把它裹起来。它躺在那儿不见了。

在这个小小的顶楼住着一个穷苦的女人。她白天到外面去擦炉子、锯木材，做许多粗活。她很强壮，也很勤俭，不过她仍然很穷。她有一个发育不全的独生女儿，她的身体非常虚弱。她在床上躺了一整年，看样子既活不下去，也死不了。

"她快要到她亲爱的姐姐那儿去了！"女人说，"我只有两个孩子，但是养活她们两个人是够困难的。善良的上帝分担我的愁苦，已经接走一个了。我现在养活着留下的这一个。不过我想上帝不会让她们姐妹俩分开的，她也会到她天上的姐姐那儿去的。"

可是这个病孩子并没有离开。这正是春天，一大早，当母亲正要出去工作的时候，太阳温和地、愉快地从那个小窗子射进来，一直射到地上。这个病孩子望着最低的那块窗玻璃。

"从窗玻璃旁边探出头来的那个绿东西是什么呢？它在风里摆动！" 母亲走到窗子那儿，把窗子打开一半。"啊！"她说，"我的天，这原来是一粒小豌豆！它还长出小叶子来了。"

母亲把病孩子的床搬得更挨近窗子，好让她能看到这粒正在生长着的豌豆。于是母亲便出去做她的工作了。"妈妈，我觉得我好了一些！"这个小姑娘在晚上说。

"愿上帝批准我们这样！"母亲说，她仔细地用一根小棍子把这植物支起来，好使它不致被风吹断，因为它使她的女儿对生命产生了愉快的想象。

一个星期以后，这个病孩子第一次能够坐一整个钟头。"我幸福的孩子，上帝亲自种下这颗豌豆，叫它长得枝叶茂盛，成为你我的希望和快乐！"高兴的母亲说。

但是其余的几粒豌豆呢？前三粒落到屋顶上被鸽子吃掉了。第四粒，它本想飞进太阳里去，但是却落到水沟里，涨大很多。"我胖得要爆裂开来。我想，任何豆子从来不曾、也永远不会达到这种地步的。我是豆荚里五粒豆子中最了不起的一粒。" 水沟说它讲得很有道理。可是顶楼窗子旁那个年轻的女孩儿——她脸上射出健康的光彩。水沟说："我支持那粒豆子。"

■ 宝贝，妈妈对你说

　　故事中的五粒豆子分别遭遇了各自的命运，第五粒豆子不小心落在了一个瘫痪的小女孩的窗台边，它不埋怨恶劣的环境，不灰心、不失望，努力生根、发芽，还给窗子里的小女孩带来了愉快和生机，真是不可思议呀！宝贝，希望这个故事能陪伴着你成长，当你遇到困难和挫折时，它都能帮助你顺利渡过难关，走向成功。

孕晚期…

孕40周

和宝宝见面了吗

和宝宝见面了吗？就算还没有，很快也会看到了。现在妈妈可能忘记了怀孕的痛苦和分娩时的精疲力尽，所有的痛苦都被身边的宝宝所冲淡了。现在，好好享受为人母的另外一个阶段吧！

孕期状况

孕妈妈

● 做好入院准备

本周该分娩了，但只有约5%的胎宝宝按预产期出生。多数胎宝宝在预产期前后两周内分娩。

小提示

进入产程后，孕妈妈要与医护人员密切配合，不要焦虑，更不要急躁。一定要记清分娩前兆见红、破水、宫缩出现的时间和间隔，冷静迎接分娩的到来。

恭喜你终于与宝宝见面了！

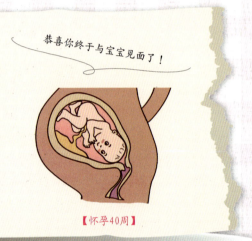

【怀孕40周】

胎宝宝状况

胎宝宝

● 坚持到最后

在这段时期孕妈妈可能感觉不到胎宝宝的活动，因为子宫的活动空间显得越来越小了。此时胎宝宝的脐带长度约51厘米，与胎宝宝从头到脚的长度差不多。

小提示

一旦分娩开始，就没有空间让胎宝宝把手放在头上或者是脸上，这个时候他会挪动自己，但是孕妈妈感觉不到了，因为孕妈妈的注意力都转移到了另外一个地方，什么时候宝宝才可以出生呢？

新生儿总长度通常为48～51厘米，体重约3 500克。

子宫
皮肤
胎盘
脂肪
脐带
子宫颈

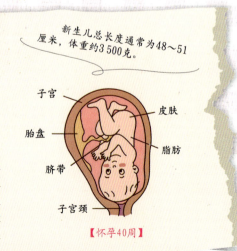

【怀孕40周】

036 音乐欣赏

《蝴蝶》 ◎罗伯特·舒曼（德国）

《蝴蝶》之名，是来自罗伯特·舒曼读过的一部小说，小说的最后一章叫《幼虫之舞》，写的是一个假面舞会的事；罗伯特·舒曼有感于书中主人公的情感，想象着许许多多蝴蝶从虫蛹里蜂拥飞出，如同他心里飞奔而出的乐思——这就是《蝴蝶》的得名。十二首小曲中的人名都是小说中人物的名字。

走进音乐

《蝴蝶》写于1829—1831年，是罗伯特·舒曼最早的杰作，其特点是优美的散文形式。全曲由一个六小节的序和十二段小曲组成，每段的标题是：《化装舞会》《巴尔特》《布尔特》《假面》《维娜》《布尔特之舞》《交换假面》《招供》《愤怒》《卸装》《急忙》《终场与踏上归途的兄弟们》。

聆听旋律

音乐本身都是快慢不等的三拍子，类似圆舞曲和波兰舞曲的风格，整体上是假面舞会的热闹、生动、嬉戏的气氛。有些段落也有轻盈飘动，如同蝴蝶翻飞的形象。每个曲子表现各自的主题，表现手法，曲式及不同的表现情绪。《蝴蝶》的创作开创了音乐历史上又一重要的器乐体裁，就如同读一篇优美的散文在无比浪漫的意境中更能体会到的是作品"形散而神不散"的艺术底蕴。

艺术胎教

037 胎教故事

捞月亮

从前，有只小猴子在井边玩，他看到井里有个月亮。小猴子叫起来："糟啦、糟啦！月亮掉在井里啦！"

大猴子听见了，跑过来一看，跟着叫起来："糟啦、糟啦！月亮掉在井里啦！"

老猴子听见了，跑过来一看，也跟着叫起来："糟啦、糟啦！月亮掉在井里啦！"

附近的猴子也听见了，全都跑过来看。大家一起叫起来："糟啦、糟啦！月亮掉在井里啦！咱们快把它捞上来吧！"

于是，猴子们爬上了井旁边的大树。老猴子倒挂在树上，拉住大猴子的脚；大猴子也倒挂着，拉住另一只猴子的脚。猴子们就这样一只接一只，一直挂到井里头，小猴子挂在最下边。

小猴子伸手去捞月亮，可手刚碰到水，月亮就不见了。

老猴子一抬头，看见月亮还在天上，他喘着气，说："不用捞了，不用捞了，月亮好好地挂在天上呢！"

■ **宝贝，妈妈对你说**

　　宝贝，故事中的小猴子天真、可爱、好奇心强。它不知道水中的月亮只是天上月亮的倒影，于是决定捞月亮。我亲爱的宝贝，你知道吗？在这个世界上，有无限的知识等着你去学习呢！妈妈希望你能像小猴子一样天真、可爱，能用自己的行动去验证对与错，妈妈真盼着你能健康快乐地长大啊！

艺术胎教

038
胎教故事

狗和它的倒影

从前有一只狗，它饿了一整天，在路上没精打采地走着。从早晨到下午，可怜的狗连一点肉都没找到，它非常伤心。

狗耷拉着耳朵绝望地想："要是我再找不到食物，可能就饿死在这里了。"这时，一只小巴狗嘴里叼着一块肉，从它旁边经过，狗看着巴狗嘴边的肉，不住地流出口水。狗决定把肉抢走，于是，它向小巴狗"汪汪、汪汪"叫了几声，接着，就猛扑过去。

小巴狗被吓坏了，出了一身冷汗，丢下那块肉，转身逃跑了。

狗得意地捡起自己不战而获的食物，想找个安全的地方好好享受一下。狗叼着这块肉，路过一条小河，小心地往下看。发现小河里也有一只狗叼着一块肉，正睁大眼睛看着自己呢！狗想：已经得到了一块肉，眼前又有那么大的肉，我怎么能不要呢？于是，就扔下那块肉，跳了下去。可是它不但没得到水中的肉，还失去了原来那块肉。

■ 宝贝，妈妈对你说

宝贝，这个故事中的狗本来已经快要饿死了，这时候它得到了救命的食物。按道理说，它应该非常感恩并且很满足了。但是它并没有满足，无限的贪心使它不仅没能获得更多的肉，还把原来的肉也失去了。所以，我的宝贝，做人是不可以贪得无厌的，我们要珍惜现有的东西，要感谢它们的存在，不要等到失去了才后悔莫及。

艺术胎教

039 胎教故事

小鲤鱼跳龙门

一天，鲤鱼奶奶给小鲤鱼们讲了一个故事："听老一辈的鲤鱼说，世界上有一个龙门，矗立在大海和大河交界的地方。那龙门很高很高，要是鲤鱼能跳过那个龙门，就能变成一条大龙，像云彩一样可以游到天上去……"

有一条金色小鲤鱼要去找那个龙门，他想，要是能跳过去，变成一条大龙，该多有意思呀！于是，金色小鲤鱼带着一群小兄弟，悄悄地游走了。它们顺着这条大河游啊、游啊，一直向前游去。金色小鲤鱼一次又一次地往水面上跳着，老是找不到那个龙门，但它们没有放弃，还是向前游去。

它们游过了一座桥洞，来到了一条大河，游过了深水处，终于看到龙门啦！那龙门像一座桥，可是没有桥洞，高高的斜坡，全是用大石块堆砌起来的。这样高大的龙门，除了往上跳，谁也游不过去呀！金色小鲤鱼对伙伴们说："我先跳过去，你们一个一个跟着来。"

但是金色小鲤鱼试了几次，都不行。后来，金色小鲤鱼再一次跳的时候，被一个浪头一拍，弹得很高，它就从这里找出一个办法来。于是一条小鲤鱼冲过去，跳到半空中，又

落下来，另一条小鲤鱼跳上去，把那条快要落下的小鲤鱼弹得很高，弹到龙门那边去了。

这样一条顶一条地跳着，最后，金色小鲤鱼自己也被浪头弹过去了。在龙门的那一边，水面平静，岸上还种着柳树和桃树，一棵隔一棵，粉红的桃花和碧绿的柳树叶子夹在一起，鲜艳无比，岸上还有漂亮的房屋和迎风飘动的红旗，小鲤鱼们都认为这地方比奶奶故事中的情景还美。

燕子要飞回家去，金色小鲤鱼说："燕婶婶，请你告诉我们的奶奶，说我们跳过龙门了，叫奶奶也到这儿来吧。"燕子点头说："好吧，我一定给捎到。不过这里不叫龙门，叫龙门水库。"小鲤鱼们说："都一样，反正这里是个最好的地方。"

■ 宝贝，妈妈对你说

宝贝，故事中的小鲤鱼勇于追求自己的目标，并且带领着其他的鱼儿一起勇往直前，最终凭着勇气、信心和智慧，跳过了龙门，过上了它们想要的生活。妈妈也希望宝贝你能够像故事中的小鲤鱼那样，勇敢地追求自己的梦想，哪怕逆流而上也不畏惧，哪怕被阻挡一千次也要坚持下去，直到梦想实现的那天，那该有多高兴、多满足啊！

040
胎教故事

老鼠嫁女

很久很久以前，一对年迈的老鼠夫妇住在潮湿寒冷的洞穴里，眼看着自己如花似玉的女儿一天天长大。夫妻俩许诺，要为女儿找一个最好的婆家，让美丽的女儿从此摆脱这种不见天日的生活。

于是，老鼠夫妇出门寻亲。刚一出门，就看见天空中光芒四射的太阳。他们琢磨着："太阳是世间最强大的，任何黑暗鬼魅都惧怕太阳的光芒，女儿嫁给太阳，不就是嫁给了光明吗？"太阳听了老鼠夫妇的请求，皱着眉头说："可敬的老人们，我没有你们想象得那样强壮，乌云可以遮住我的光芒。"老鼠夫妇于是来到乌云那里，向乌云求亲。乌云苦笑着回答说："尽管我能遮挡太阳的光芒，但是只需要一丝微风，就可以让我'云消雾散'。"老鼠夫妇想了想，又找到了微风。微风笑道："我可以吹散乌云，但是只要一堵墙就可以把我制服！"老鼠夫妇又找到墙，墙看到他们，露出恐惧的神色："在这个世界上，我最怕你们老鼠，任凭再坚固的墙也抵挡不住老鼠打洞，从而最终崩塌。"老鼠夫妇面面相觑："看来还是咱们老鼠最有力量！"

老鼠夫妇商量着，我们老鼠又怕谁呢？对了！自古以来老鼠怕猫！于是，老鼠夫妇找到了花猫，坚持要将女儿嫁给花猫。花猫哈哈大笑，满口答应了下来。

在迎娶的那天，老鼠夫妇用最隆重的仪式送最美丽的女儿出嫁。意想不到的事情发生了，花猫从背后窜出，一口吃掉了自己的新娘。

■ 宝贝，妈妈对你说

故事中的老鼠夫妇非常爱自己的女儿，可是却不切实际地要将女儿嫁给自己的天敌！他们只想着要给女儿找一个好的归宿，找一个强大的依靠，却忽略了女儿自身的幸福。你说，老鼠夫妇是不是太糊涂了呢！我亲爱的宝贝，等你长大以后也会结婚，爸爸妈妈希望你能找到一个真正适合自己的人，然后幸福平安地度过一生。